南無頂上佛面除疫病
南無最上佛面願滿足
南無地味增長成五穀
次大懺悔
南無聖
南無大衆安
南無伽藍安穏
南無天下安穏

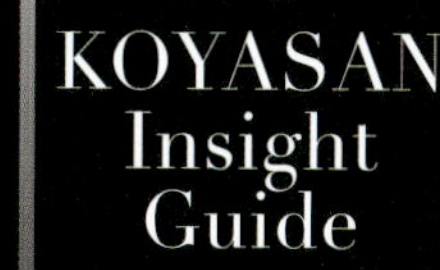

KOYASAN Insight Guide

108 Keywords about Koyasan

聖地・高野山は、
金剛峯寺と
117の塔頭寺院
からなる。

1223（貞応2）年に北条政子が建立した金剛三昧院（→P147）の多宝塔（国宝）。高野山に残る最古の建造物で、高野山が世界遺産の指定を受ける際に大きな役割を果たした。

空海がこの地に
たどり着いてから1200年。
真言密教の聖地で、
人々は祈り続ける。

高野山には
自然の厳しさにも
負けない
信仰がある。

高野山を
知る
108の
キーワード

KOYASAN
Insight Guide
108 Keywords
about
Koyasan

● ご利用にあたって ●

●文章中の月日は特記以外、西暦です。●データ欄の住所や電話番号等のデータは取材時の情報です。変更になっている可能性もありますので、ご了承ください。●入場料金は基本的に大人料金のみを掲載しています。●年末年始、ゴールデンウィーク、お盆、臨時休業などの休みは省略しています。●このガイドブックは特記以外、2014年11月現在の情報に基づいています。

● データ欄・脚注の見方 ●

●データは住所、電話番号、開館時間、定休日、入場料金、地図位置の順番での表記を基本としています。●本書は108のキーワードで構成しています。キーワードによっては、そのキーワードに関連するキーワードとその掲載ページを脚注として記しています。●キャプション等にある「重文」は特記以外、国指定重要文化財を意味します。

第一章

真言

大日如来を教主とし、
古代インドで生まれた密教は
空海によって日本に伝えられ、
真言密教となった。
あらゆる修行は、仏とひとつになり、
現世で悟りを開くためにある。

KOYASAN Insight Guide Chapter

1

Shingon Mikkyo

密教

真実であり、
万物の根源である
大日如来が
説く教え

仏師・運慶作と伝わる秘仏、重文『木造五智如来坐像』。金剛三昧院（→P147）が擁する鎌倉時代建立の多宝塔（国宝）の本尊である。

真言

Keyword no. 001

しんごん

唱えることに意味がある
大日如来の
“秘密の言葉”

Chapter 1 Shingon Mikkyo Keyword no.

001

Shingon

密教における諸尊の“秘密の言葉”であり、
秘密の言葉とは、人間の言葉では
とうてい表すことのできない、
宇宙の事象の真理を表す
“真実の言葉”である。

真言密教の教主
大日如来の
智拳印

大日如来は、宇宙そして真理そのものである。金剛界大日如来が結ぶ智拳印は、無明を除き、仏の智慧の境地を表す。重文『木造五智如来坐像』のうち『大日如来坐像』（金剛三昧院蔵）

古代インドで
梵字で記された
陀羅尼

真言のうち比較的長いものを陀羅尼という。写真は古代インドで記された般若心経と仏頂尊勝陀羅尼。重文『梵本心経並びに尊勝陀羅尼(ぼんぼんしんぎょうならびにそんしょうだらに)』(東京国立博物館蔵 Image: TNM Image Archives)

真言とは大日如来そのもの

真言はサンスクリット語のマントラの漢訳であり、真言宗という宗名はこれに由来している。

空海は著書『声字実相義』の中で、大日如来は音声文字を使って説法をするが、これはいわゆる文字という記号の体系ではなく、地・水・火・風・空・識の森羅万象、宇宙を構成する六つの元素“六大”を基盤にしていると説いている。つまりこの世で起きていることのすべては音声文字の顕れであり、大日如来の説法そのものなのである。

重文『木造五智如来坐像』のうち『大日如来坐像』(金剛三昧院蔵)

真言は真言陀羅尼ともいわれる。真言は短いもの、陀羅尼は呪文などの比較的長いものを指すとされるが、長短の違いこそあれそこに是非はなく、どちらも大日如来が説く秘密の言葉であり、真実語であるとする。空海はこれを『般若心経秘鍵』の中で「一字に千理を含む」として、たとえそれが一字であっても、そこには無限の真理が詰め込まれていると説いている。

呪文という言葉にはどこか怪しげな印象があるが、たとえばキリスト教の“アーメン”などもその宗教特有の呪文であり、あらゆる宗教には仏や神に祈りを捧げる際に発せられる呪文宗教語が存在する。密教では三密行(身密・口密・意密)の修法により、仏と一体になる即身成仏が可能であると説くが、その過程で最も重要視されるのが、真言を唱える語密である。

たとえば大日如来の金剛界における真言は「オン バザラダト バン」。「バザラダト」は大日如来のことで、“大日如来に礼し奉る”という意味であるが、聞いただけでは、真言の意味を汲み取ることは不可能である。しかし日本にも言葉に魂が宿るとする言霊信仰があるように、真言や陀羅尼はその意味を考えるよりも、口で発する行為こそが重要なのである。

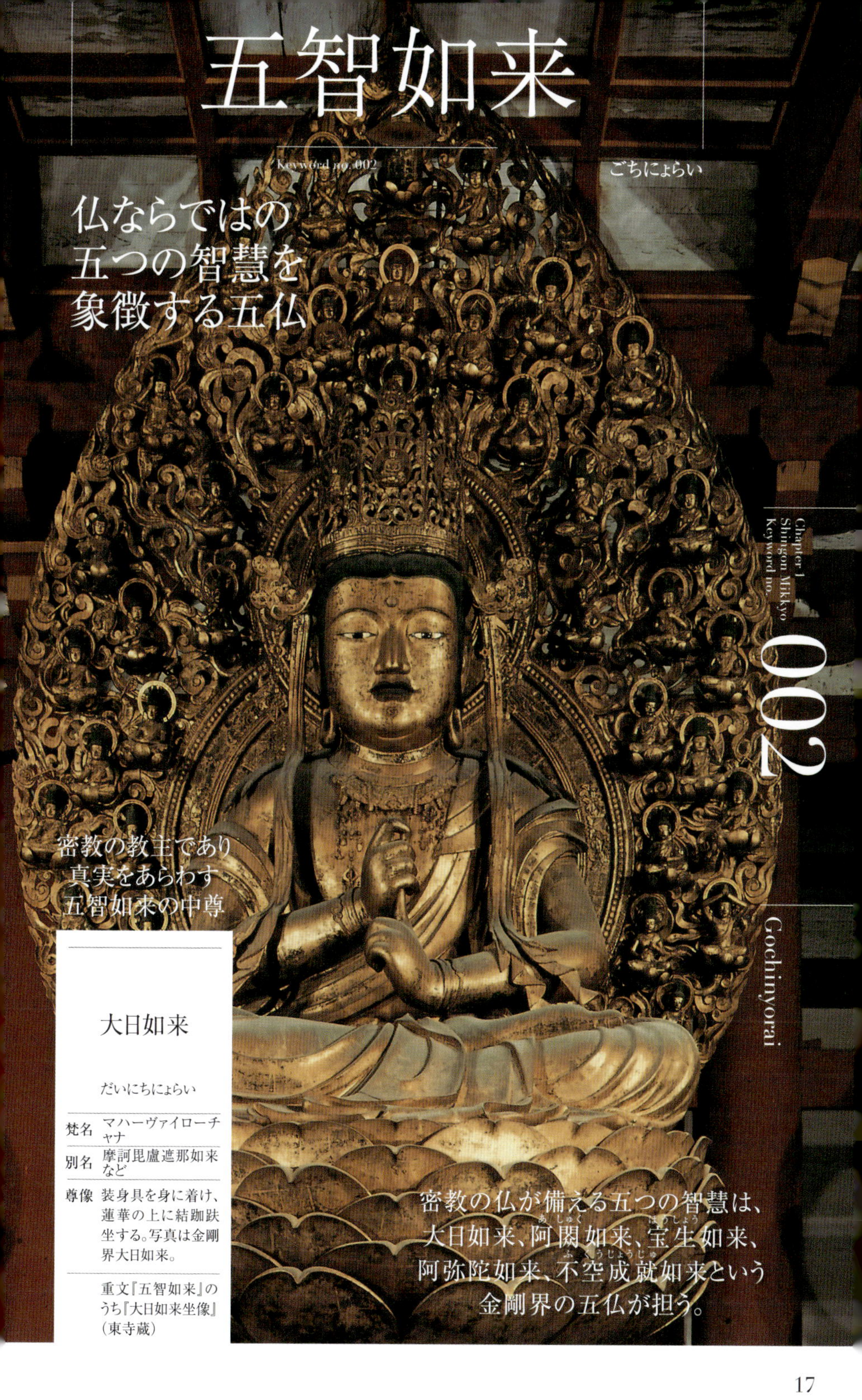

五智如来

Keyword no.002　ごちにょらい

仏ならではの五つの智慧を象徴する五仏

Chapter 1 Shingon Mikkyo Keyword no.

002

Gochinyorai

密教の教主であり
真実をあらわす
五智如来の中尊

大日如来

だいにちにょらい

梵名	マハーヴァイローチャナ
別名	摩訶毘盧遮那如来など
尊像	装身具を身に着け、蓮華の上に結跏趺坐する。写真は金剛界大日如来。

重文『五智如来』のうち『大日如来坐像』(東寺蔵)

密教の仏が備える五つの智慧は、
大日如来、阿閦如来、宝生如来、
阿弥陀如来、不空成就如来という
金剛界の五仏が担う。

己と自然の一体化を悟る平等性智（びょうどうしょうち）を担う

鏡のようにすべてを映す智慧、大円鏡智（だいえんきょうち）を担う

阿閦如来

あしゅくにょらい

方位	東
梵名	アクショービヤ
別名	阿閦仏、不動如来など
尊像	五智如来としては左手で衣を握り、右手で触地（そくじ）印を結ぶ。
	重文『五智如来』のうち『阿閦如来坐像』（東寺蔵）

宝生如来

ほうしょうにょらい

方位	南
梵名	ラトナサンバヴァ
別名	------
尊像	五智如来としては左手で衣を握り、右手で与願（よがん）印を結ぶ。
	重文『五智如来』のうち『宝生如来坐像』（東寺蔵）

五尊それぞれが仏の持つ五つの智慧を表す

密教の経典である金剛頂経の宇宙観を表す金剛界曼荼羅の中で、中心に鎮座している大日如来と、その四方（東南西北）に配される如来を合わせた五仏を五智如来という。胎蔵界曼荼羅の胎蔵界五仏に対して、金剛界五仏ともいい、大日如来が持つ最高の智である法界体性智（ほっかいたいしょうち）のほか、四つの智慧（五智）を四方の如来それぞれが表している。

まず、陽が昇る東方を司る阿閦（あしゅく）如来は大円鏡智（だいえんきょうち）を担う。語源はサンスク

両部の大経 page  69
曼荼羅 48

西方の極楽浄土に住し、事実を察する心、妙観察智を担う
阿弥陀如来
あみだにょらい
方位 西
梵名 アミターユスまたはアミターバ
別名 無量寿如来、無量光如来など
尊像 来迎印を結ぶのが一般的だが、五智如来としては阿弥陀定印を結ぶ。
重文『五智如来』のうち『阿弥陀如来坐像』(東寺蔵)
為すべきことを為す実践の智慧、成所作智を担う
不空成就如来
ふくうじょうじゅにょらい
方位 北
梵名 アモーガシッディ
別名 ------
尊像 五智如来としては左手で衣を握り、右手で施無畏(せむい)印を結ぶ。
重文『五智如来』のうち『不空成就如来坐像』(東寺蔵)

リット語のアクショービヤで、"動ぜぬ者"の意味から不動如来とも呼ばれる。南方に位置するのは宝生如来で、平等性智を担う。語源のラトナサンバヴァは"宝から生まれた者"という意味の福徳を授ける仏である。陽(現世)が沈む西方は、死後の極楽浄土に住する阿弥陀如来が司り、妙観察智を担う。

密教における阿弥陀如来は、慈悲を表す赤色で表現される。北方は不空成就如来。なじみのない名前だが、実は釈迦如来と同体であるといわれる。語源であるサンスクリット語のアモーガシッディは"その完成が空しくない者"。つまり為すべきことを為す、成所作智を担う仏である。

五大明王

Keyword no. 003

ごだいみょうおう

忿怒の表情で
邪悪を排する
大日如来の化身

Chapter 1 Shingon Mikkyo Keyword no.

003

Godaimyoo

不動明王

ふどうみょうおう

梵名	アチャラナータ
別名	不動尊、無動尊、不動使者など
尊像	一面二臂。頂髪が左肩に垂れる。後背に迦楼羅(かるら)炎。右手に悪魔を降伏する降魔(ごうま)の剣、左手に羂索を持つ。

国宝『五大明王』のうち『不動明王坐像』(東寺蔵)

災魔を屈服させ、
苦行に立ち向かう
修行者を守護する

見る者を圧倒する忿怒の形相は、
大日如来の命を受け、仏教の教えを広め、
その妨げとなる邪悪なものを排そうという、
並々ならぬ気迫を表している。

降三世明王

ごうざんぜみょうおう

方位	東
梵名	トライローキャヴィジャヤ
別名	孫婆明王、勝三世明王など
尊像	三面八臂または四面八臂。二手で降三世印を結ぶ。大自在天と烏摩妃（うまひ）を踏む。
	国宝『五大明王』のうち『降三世明王立像』（東寺蔵）

仏法から
諸悪を退け、
三世を降伏（ごうぶく）する

Chapter 1
Shingon Mikkyo
Keyword no.

003

Godaimyoo

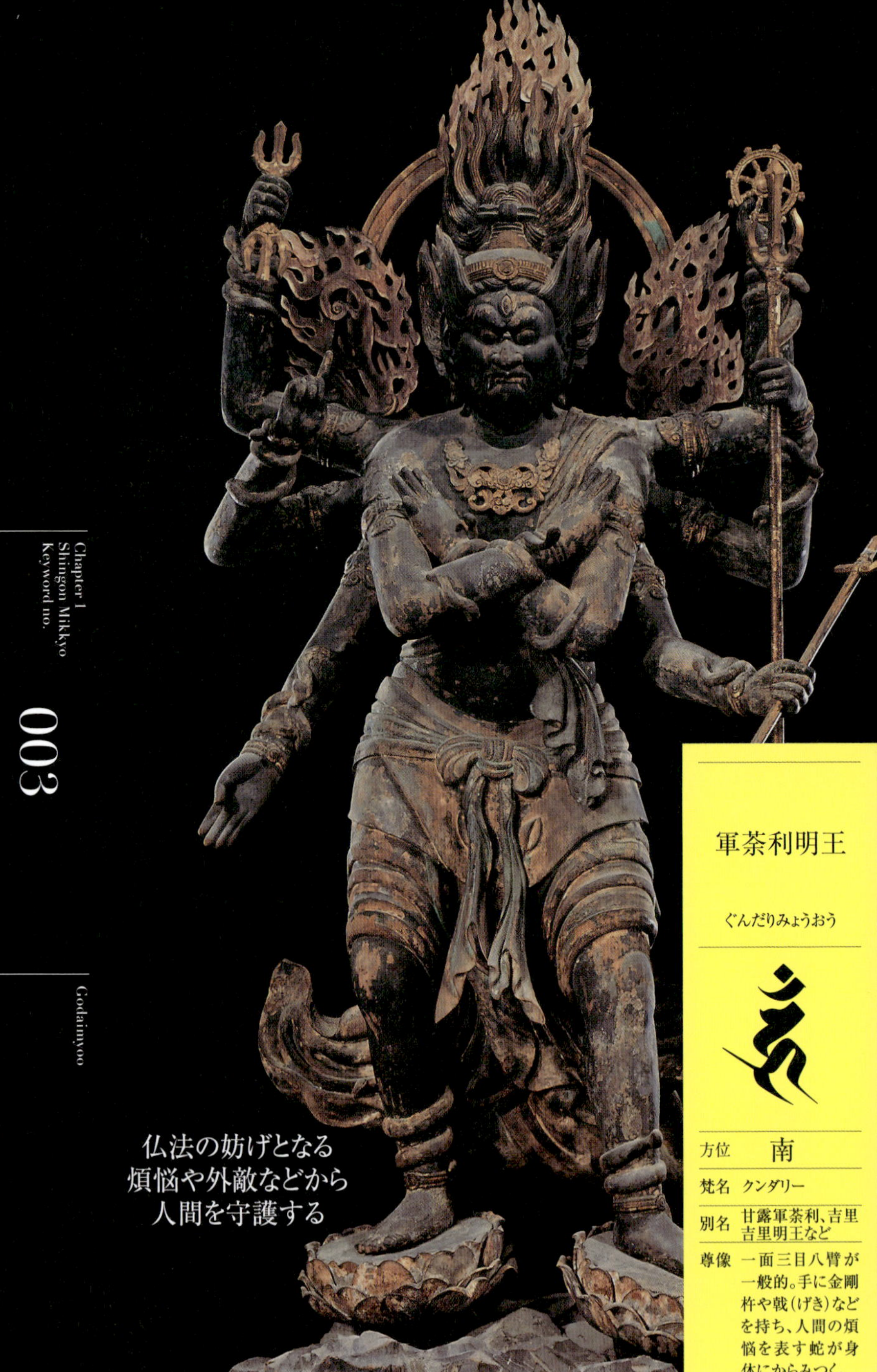

仏法の妨げとなる
煩悩や外敵などから
人間を守護する

軍荼利明王

ぐんだりみょうおう

方位	南
梵名	クンダリー
別名	甘露軍荼利、吉里吉里明王など
尊像	一面三目八臂が一般的。手に金剛杵や戟（げき）などを持ち、人間の煩悩を表す蛇が身体にからみつく。

国宝『五大明王』のうち『軍荼利明王立像』（東寺蔵）

大威徳明王
だいいとくみょうおう
方位　西
梵名　ヤマーンタカ
別名　降閻魔尊、閻曼徳迦威怒王など
尊像　六面六臂六足。手に剣や戟（げき）などを持ち、青い水牛に乗っている。農牛神としても信仰される。
国宝『五大明王』のうち『大威徳明王騎牛像』（東寺蔵）

すべての悪を
降伏（ごうぶく）する
六足尊

衆生の救済を
妨げるものを
調伏(ちょうぶく)する

金剛夜叉明王

こんごうやしゃみょうおう

方位　北

梵名　ヴァジュラヤクシャ

別名　----

尊像　三面六臂。手に煩悩を打ち砕く五鈷杵や金剛鈴（こんごうれい）のほか、弓、剣などの武器を持っている。

国宝『五大明王』のうち『金剛夜叉明王立像』（東寺蔵）

怒りをもって悪を征す

密教ならではの仏である明王の中でも五大明王は、密教の教主・大日如来を中心とする五智如来の化身で、仏法を妨げるものに怒りをもって立ち向かう使者であり、密教では特に重要な位置を占める仏である。中央に不動明王が鎮座し、四方に降三世明王（東）、軍荼利明王（南）、大威徳明王（西）、金剛夜叉明王（北）を配置する。五大尊、五大力、五大忿怒と呼ばれることもある。

“動かぬ守護者”つまりゆるぎない堅固な菩提心を持つ者という意味の不動明王は、大日如来が仏教に帰依しない衆生の悪心を調伏するために忿怒の姿で現れたものである。畏怖の念を抱かせ、悟りへと導く。庶民の仏として観音菩薩、地蔵菩薩と並ぶ信仰を集め、煩悩を焼き尽くす火炎を背負い、すべてを見通す天地眼と、右手に三毒（貪欲、瞋恚、愚痴）を断じる剣、左手に衆生を引き寄せる羂索を持つ。

降三世とは、“三つの世界を降伏する者”の意味である。これは、三毒という煩悩を、過去・現在・未来という三つの時間にわたって降伏することを表している。降三世明王の尊像は正面を三目とする三面八臂が一般的で、胸の前で降三世の印を結び、足下では異教の神である大自在天と烏摩妃を踏みつけている。

軍荼利とはサンスクリット語のクンダリーの音写であり、“水瓶、甘露”または“とぐろを巻く蛇”を意味する。その名のとおり多数の蛇を手足などに巻きつけた異様な姿で火炎の中に立っている。体に絡みついた蛇は我癡、我見、我慢、我愛という四つの煩悩を表しており、軍荼利明王はこれを断じ、退治するのである。

阿弥陀如来の化身とされる大威徳明王は六面六臂、そして仏像群唯一の六足を持つ。六足尊とも呼ばれ、六という数字と深い関わりがある。六面は六道を見渡し、六臂で六つの修行（六波羅蜜）を行い、六足で六つの超能力をなし遂げると考えられている。

煩悩や穢れを食い尽くす金剛夜叉明王は、不空成就如来の化身とされる。ちなみに天台密教では、金剛夜叉明王の代わりに烏枢沙摩明王を加えることもある。

五大明王に烏枢沙摩、無能勝、馬頭の三明王を加えた八大明王は、日本ではそれぞれ個々に本尊として祀られるなど今日まで広く崇められ、仏教彫刻史上においても優れた傑作が数多く残されている。

Column

愛染明王

愛欲の煩悩を悟りに高める全身赤色の明王

金剛三昧院（→P147）の『愛染明王像』は、北条政子が運慶に依頼して源頼朝の等身大の坐像念持仏として制作させたもの。同院の本尊である。（金剛三昧院蔵）

五智如来 page  17

不動明王に仕える童子

不動明王

八大童子が仕える明王。重文『不動明王坐像』（金剛峯寺蔵）

童子1

指徳童子

しとくどうじ

鎧兜を身に着け、煩悩を打ち砕く三叉戟（さんさげき）と完全無欠の智慧を表す輪宝（りんぽう）を持つ。後補の像とされる。

童子2

恵光童子

えこうどうじ

右手に五鈷杵（ごこしょ）、左手に日輪を持つ。他像とは異なる玉眼の表現により、目つきが鋭く、射るような視線を放っている。

童子3

制多伽童子

せいたかどうじ

紅蓮華（ぐれんげ）色の身、五つに束ねた五髻（けい）が特徴。左手に金剛杵（こんごうしょ）、右手に金剛棒を持つ。悪性の者として説かれる。

童子4

矜羯羅童子

こんがらどうじ

合掌する手に独鈷杵（とっこしょ）を持つ。『秘要法品』では頭に蓮華の冠を戴き、従順な小心者である15歳の童子とされる。

不動明王の眷属（けんぞく）として
少年の姿で表される童子では、
制多伽（せいたか）童子と矜羯羅（こんがら）童子が有名。
さらに6人の童子を加えて八大童子と呼ぶ。

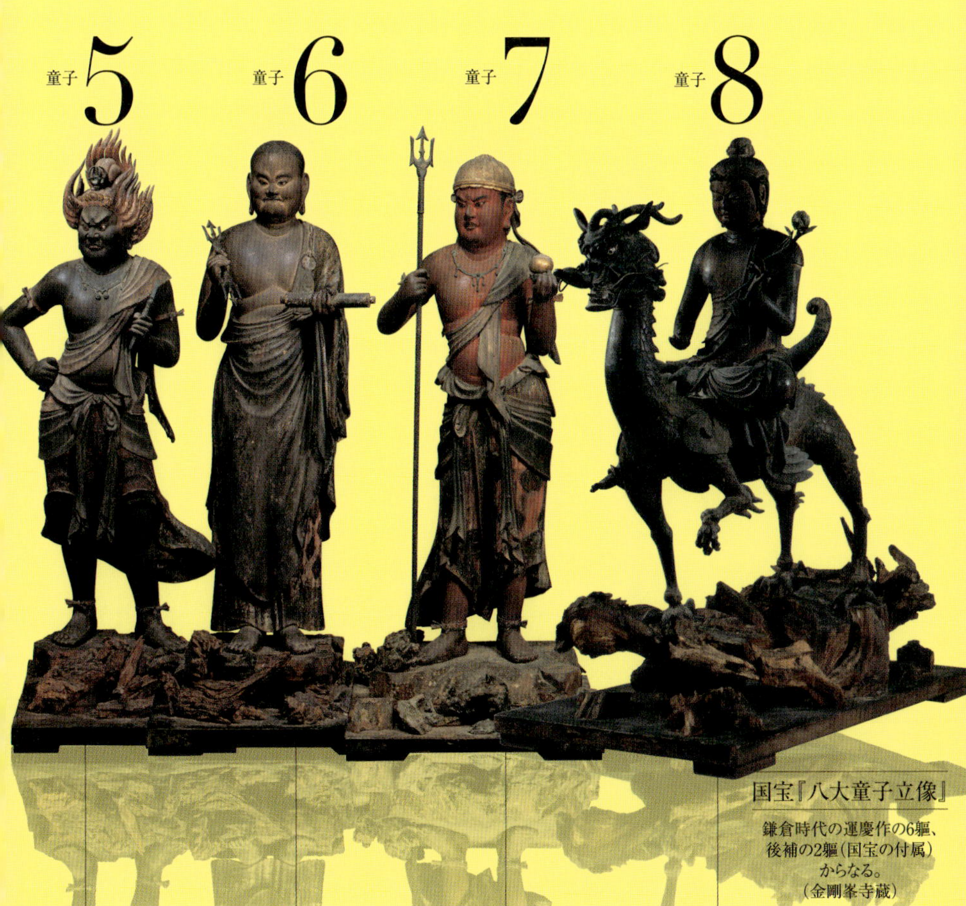

国宝『八大童子立像』
鎌倉時代の運慶作の6軀、後補の2軀（国宝の付属）からなる。（金剛峯寺蔵）

烏倶婆誐童子
うぐばがどうじ

八大童子の中で特に強い怒りの表情を見せる。『秘要法品』では性格と姿は暴悪であると説かれる。

清浄比丘童子
しょうじょうびくどうじ

比丘（修行僧）の名のとおり、剃髪し、衣と袈裟を身に着けている。右手に三鈷杵（さんこしょ）、左手に経巻を持っている。

恵喜童子
えきどうじ

左手に福徳の智慧を象徴する摩尼宝珠、右手に三叉戟（さんさげき）という武器を持つ。つばのない兜をかぶっている。身は紅蓮華（ぐれんげ）色。

阿耨達童子
あのくたどうじ

龍に乗った菩薩の姿で表される。『秘要法品』では頭に金翅鳥（こんじちょう）を載せ、左手に蓮華、右手に独鈷杵（とっこしょ）を持つとある。後補の像とされる。

四天王

Keyword no. 004

してんのう

鎧や甲冑で身を固め、武器を手に仏教を守る四神

手にした武器で
仏教の敵を
撃退する

Jikokuten

じこくてん

持国天

守護 東

国を守るために
武器を取り、
仏教の敵を
威嚇する

文字どおり国を持つ力、治める力を持つ。国家安泰、天下泰平の仏である。左右どちらかの手に刀を持つが、鉾を持つこともある。重文『四天王立像』快慶作のうち『持国天像』(金剛峯寺蔵)

Chapter 1
Shingon Mikkyo
Keyword no.

Shitenno

梵名	ドゥリタラーシュトラ
別名	提頭頼吒天など
尊像	革製の甲冑を身に着け、足下に邪鬼を踏みつける。 左右どちらかの手に刀や鉾などを持つ。
役割	須弥山(しゅみせん)の四方にある四州のうち、 勝身(しょうしん)州を守護する。

武将のような姿で表される四天王は、
インドの神話に登場する神々である。
同時に、仏教を守護する天部の護法善神、
帝釈天に仕える忠実な部下でもある。

片手を腰に当て、
武器を振り上げ
仏教の敵を撃退する

Zochoten

ぞうちょうてん

増長天

守護 南

商売繁盛や
開運出世の
仏としても
尊崇される

増益や繁栄を表すその名から、商売繁盛や開運出世の仏とされる。右手に武器を持ち、左手を腰に当てた姿で表される。
重文『四天王立像』快慶作のうち『増長天像』(金剛峯寺蔵)

梵名	ヴィルーダカ
別名	毘楼勒叉天など
尊像	革製の甲冑を身に着け、足下に邪鬼を踏みつける。 右手に戟(げき)や剣を持ち、左手を腰に当てた姿が一般的。
役割	須弥山(しゅみせん)の四方にある四州のうち、 贍部(せんぶ)州を守護する。

千里眼で得た情報を
筆を使い、
巻物に書き留める

Komokuten

こうもくてん

広目天

守護　西

千里眼で世間を見渡し、悪を律して仏心を起こす

日本の広目天像は筆と巻物を持つ姿が代表的だが、これは奈良天平期の作風であり、平安時代以降は法具など別の持ち物へ変化した。重文『四天王立像』快慶作のうち『広目天像』（金剛峯寺蔵）

梵名	ヴィルーパークシャ
別名	毘楼博叉天など
尊像	革製の甲冑を身に着け、足下に邪鬼を踏みつける。 左右の手に金剛杵や仏塔を持つ姿で表されることもある。
役割	須弥山（しゅみせん）の四方にある四州のうち、 牛貨（ぎゅうか）州を守護する。

Tamonten

たもんてん

多聞天

守護 北

別の顔も持ち、独立した信仰を集める四天王最強の仏

戦勝の力を持つ一方、福徳富貴の神でもあり、毘沙門天の名で七福神の一神としての顔を持つ。毘沙門天の妻は、吉祥天である。重文『四天王立像』快慶作のうち『多聞天像』(金剛峯寺蔵)

梵名	ヴァイシュラヴァナ
別名	毘沙門天など
尊像	革製の甲冑を身に着け、足下に邪鬼を踏みつける。 片手に宝棒や宝剣、もう一方の手に宝塔を持つのが一般的。
役割	須弥山(しゅみせん)の四方にある四州のうち、 倶盧(くろ)州を守護する。

梵天と並ぶ二大護法善神。
四天王が四方を守る
須弥山(しゅみせん)頂上の忉利天(とうりてん)で
喜見(きけん)城に住する。

Taishakuten

たいしゃくてん

帝釈天

梵天とともに
仏教を守護。
諸天の最高位を
占める神

金剛杵(こんごうしょ)を手に
2本の牙を持つ
白い象に乗る

インド神話のインドラ神が仏教に取り入れられ、ヒンドゥー教の三神の一神である梵天とともに、仏法を守護する。国宝『帝釈天半跏像』(東寺蔵)

梵名	シャカラデバーナーンインドラ
別名	因陀羅、釈提桓因など
尊像	宝髻を結い、天衣または甲冑を身に着け、手に金剛杵を持つ。白象に乗る姿で表されることが多い。
役割	須弥山(しゅみせん)頂の忉利天(とうりてん)で喜見(きけん)城に住み、仏教を守護する。

須弥山中腹の四王天で世界を守る護法神

四天王はインドで信仰されていた神々が仏教に取り入れられ、中国を経て日本へと伝来したもので、帝釈天が住む須弥山の中腹にある四王天の主とされ、持国天、増長天、広目天、多聞天の四尊がそれぞれ東南西北の四方四州を守護している。

古代インドのストゥーパ（仏塔）の浮き彫りなどに見られる四天王像は、貴族の衣装を身にまとい、柔和な表情を浮かべる貴人のような姿で表現されているが、中央アジアを経て中国へ至ると、革製の鎧を着けた武人の姿へと変わり、さらに日本に伝わると怒りの表情で敵を圧倒する忿怒相へと変化していった。

金剛峯寺が所蔵する鎌倉時代の仏師・快慶による四天王像をはじめ、現在見られる四天王像の多くは鎧や甲冑で身を固めて武器を手にし、足下では仏法に対する悪業煩悩の象徴である邪鬼を踏みつけている。その勇壮かつ鬼気迫る姿は、見る者を圧倒する迫力に満ちている。

四天王は飛鳥時代からその信仰があったと推察できる。『日本書紀』によれば、隋が中国を統一した頃、仏教を取り入れようとする蘇我氏と、日本古来の神々を信仰する廃仏派の物部氏が対立しており、仏教を推進する聖徳太子は物部氏を抑え、摂津（大坂）に四天王寺を建立し、四天王による鎮護国家を祈念したと伝えられている。そこから四天王の造像が相次ぎ、戦国時代には武将たちから尊崇されたが、その信仰は根付かず、仏法の守護神や脇侍として、須弥壇の四隅に鎮座するようになっていった。

東方を守護する持国天は文字どおり国を持つ力、治める力を持つ仏である。南方を守護する増長天は、尽きることない無尽の富を生み出すところから五穀豊穣の仏とされる。西方を守護する広目天は千里眼で広く世間を見渡し、無量の命を与える。北方を守護するのは多聞天。戦勝の力を持つ一方、財福の神でもあり、毘沙門天の名で七福神の一神としての顔を持ち、現在も独尊としての信仰を集めている。脇侍を従えた三尊で祀られる場合もあり、また寺院によっては持国天と多聞天、持国天と増長天という二天の像を、仁王像（金剛力士像）のように祀ることもある。

Column

金剛峯寺が所蔵する名宝

運慶、快慶が手がけた仏像の数々

運慶作の国宝『八大童子立像』（→P26～27）、快慶作の重文『四天王立像』（→P28～31）など金剛峯寺は日本を代表する仏像を所蔵する。右の2軀も快慶作。（金剛峯寺蔵）

重文『深沙大将立像』

重文『執金剛神立像』

須弥山 page 72
金剛峯寺 106

真言八祖

Keyword no. 005 しんごんはっそ

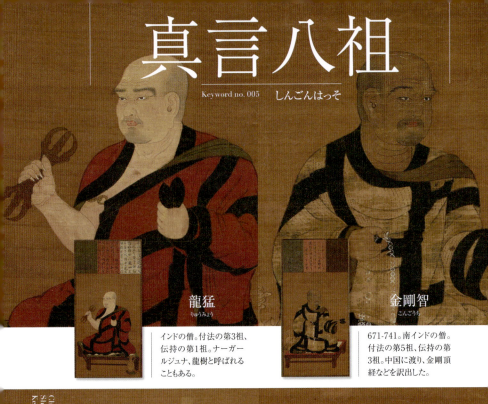

龍猛
りゅうみょう

インドの僧。付法の第3祖、伝持の第1祖。ナーガールジュナ、龍樹と呼ばれることもある。

金剛智
こんごうち

671-741。南インドの僧。付法の第5祖、伝持の第3祖。中国に渡り、金剛頂経などを訳出した。

Chapter 1 Shingon Mikkyo Keyword no. 005 Shingonhasso

龍智
りゅうち

南インドの僧。付法の第4祖、伝持の第2祖。8世紀初めに金剛智に伝授したとされる。

不空
ふくう

705-774。北インドの僧。付法の第6祖、伝持の第4祖。中国などを経て唐へ渡り、密教を広めた。

大日如来の教えを後世に伝えた8人の祖師

大日如来の教えが
空海に伝わる
ふたつの流れからは、
さらなる高みを求めて
変化を遂げる
真言密教の姿が
見えてくる。

善無畏（ぜんむい）

637-735。中インドの王族出身。伝持の第5祖。中国で大日経などの経典を訳出した。

恵果（けいか）

746-805。唐代の僧。付法の第7祖、伝持の第7祖。不空の弟子で、空海の師である。

一行（いちぎょう）

683-727。唐代の僧。伝持の第6祖。善無畏とともに『大日経疏（しょ）』をまとめた。天文学者でもあった。

空海（くうかい）

774-835。平安初期、讃岐国（現在の香川県）に生まれた。付法の第8祖、伝持の第8祖。

『真言八祖像』より（東京国立博物館蔵 Image: TNM Image Archives）

金剛界と胎蔵界を融合させた“7番目の僧”とは?

大日如来を源とする真言密教の教義は、金剛頂経を典拠とする金剛界の教えと、大日経を典拠とする胎蔵界の教えを不可分の教えとして中軸に据えたものだ。この教えは、誰から誰にどのように伝わり、空海に至ったのだろうか。世紀をまたぐ壮大なミステリーのようだが、実はふたつの系譜が明らかになっている。

ひとつ目の系譜は付法の八祖と呼ばれる。第1祖は教主である大日如来で、その教えを授かる第2祖は金剛薩埵。そこから脈々と受け継がれ、第7祖の恵果を経て第8祖の空海に至る。この付法の八祖の特徴は、大日如来と金剛薩埵という、実在の人物ではない仏を含めていることにある。密教には、仏と人間の心が通じ合う感応道交という言葉があるが、この系譜からはその思想を見ることもできるだろう。もう一方は伝持の八祖と呼ばれる系譜である。こちらは、仏である大日如来と金剛薩埵を含めず、第5祖に善無畏、第6祖に一行を含めている。

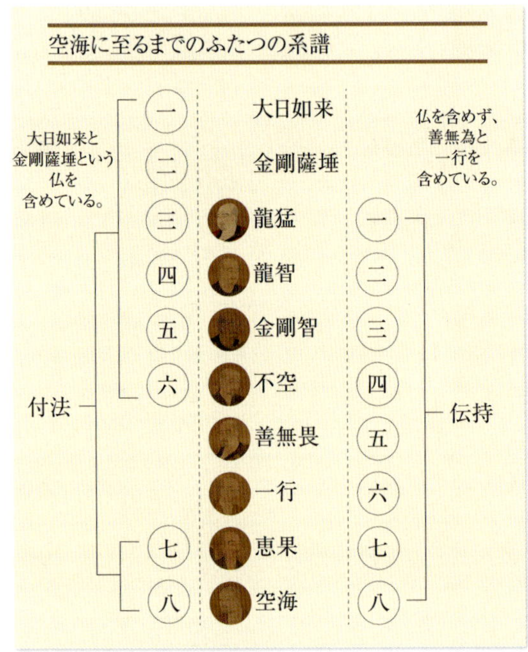

写真:『真言八祖像』より(東京国立博物館蔵 Image: TNM Image Archives)

このふたつの系譜を読み解くにあたって注目すべきは、第7祖の恵果である。付法の八祖は金剛界系の流れを汲む一方、伝持の八祖のうち大日経の翻訳に携わった善無畏と一行は胎蔵界系である。そんなふたつの系譜は第7祖で交わっている。つまり、第7祖の恵果は金剛界系の流れと胎蔵界系の流れの両方を受け継いだのである。別々に発展してきた両系統を融合させてひとつの教義として昇華させたことに、恵果の大きな存在意義がある。

恵果がその最期に出会ったのが第8祖の空海だ。「私はあなたが来ることを知っていた。もう時間がない。正統密教を授けるのはあなたしかいない」——その言葉から3か月、恵果は命が燃え尽きるまでにすべてを空海に授けた。綿々と受け継がれてきた密教の教えは、こうして空海とともに海を渡り、日本に伝わった。

page
五智如来 — 17
両部の大経 — 69
入唐求法 — 170
青龍寺 — 172

梵字

Keyword no. 006　ぼんじ

仏そのものを表すインド生まれの神聖な文字

古代インドで生まれた梵字は、
大日如来から受け継いだ文字とも
悟りの世界を
象徴的に表した文字ともいわれ、
文字でありながら信仰の対象にもなる
神秘性を秘めている。

仏名
胎蔵界大日如来
読み方
アーンク

仏を表す種子（梵字）

仏名
阿閦如来
読み方
ウン

仏名
阿弥陀如来
読み方
キリーク

仏名
釈迦如来
読み方
バク

仏名
薬師如来
読み方
バイ

仏名
文殊菩薩
読み方
マン

道具としての文字を超える存在

護符、護摩札、卒塔婆といった仏教関係のもの、さらには巷のファッションデザインとしても目にする機会が少なくない梵字だが、その字形は異国情緒と日本古来の雅趣を兼ね備えながら、独特の存在感を放っている。

日本に伝わる梵字は悉曇文字とも呼ばれ、6世紀にインドで発達したシッダマートリカー文字に由来する。遣隋使・小野妹子が梵字を日本に伝えたのは609（推古天皇17）年だが、密教において重要な位置を占めるようになったのは806（大同1）年、空海が唐から梵字真言を持ち帰った後のことだ。

大日如来から相承した神聖な文字とも悟りの世界を象徴的に表したものともいわれる梵字は、道具としての文字（言語）をはるかに超えた存在である。とりわけ、その最初の文字であるア（阿）は、永遠の存在である大日如来そのものと見なされるほどだ。また、種子（種字）と呼ばれる梵字は一文字で仏そのものを表す。仏の姿を描き写す代わりに種子を用いた種子曼荼羅（法曼荼羅）も存在する。

仏像や仏画と同じく信仰の対象であり、長きにわたって師資相承・門外不出とされてきた梵字はやがて、大衆の間にも浸透していく。たとえば、不動明王を表す種子のカーンは歌舞伎の衣装に見ることができる。成田屋の十八番『勧進帳』で弁慶が身に着け

『両界種子曼荼羅図』

金剛界

仏を表す種子（梵字）

仏名 普賢菩薩
読み方 アン

仏名 地蔵菩薩
読み方 カ

仏名 弥勒菩薩
読み方 ユ

仏名 勢至菩薩
読み方 サク

仏名 虚空蔵菩薩
読み方 タラーク

page
五智如来 —17  
護摩 —58 
入唐求法 —170 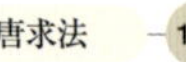
真言 —14

両界曼荼羅の中でも仏の姿を描き写す代わりに、仏そのものを表す種子を用いた曼荼羅。(円通寺蔵)

胎蔵界

る梵字散らしの水衣（みずごろも）である。梵字が仏教信仰の枠内にとどまらず、日本文化に深く根付いていることをを示す好例といえるだろう。

現在では梵字の手引書が市販されるなど、誰でも気軽に梵字を学ぶことができるようになったが、これぱかりは当時の僧たちも想像できなかったに違いない。

不動明王の種子（しゅじ）をあしらった『勧進帳』の衣装

初代團十郎が成田山で不動明王に祈願して子宝に恵まれたことに由来する。黒塩瀬（くろしおぜ）梵字散らし水衣(写真：松竹提供)

Column

梵字と悉曇の違い

悉曇（しったん）は梵字の書体のひとつ

梵字はサンスクリット語を表記するための文字で、悉曇は梵字の書体のひとつ。日本には、6世紀に入ってから生まれた書体である悉曇が伝わったことから、梵字と悉曇は同義に用いられていた。

仏名
不動明王
読み方
カーン

仏名
軍荼利明王
読み方
ウン

仏名
広目天
読み方
ビ

仏名
持国天
読み方
ヂリ

仏名
帝釈天
読み方
イー

曼荼羅 — 48　四種曼荼羅 — 57　五大明王 — 20

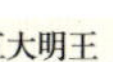

三昧耶形

Keyword no. 007

さんまやぎょう

持ち物や手の形など
仏の教えを表す
ありがたいシンボル

Chapter 1
Shingon Mikkyo
Keyword no.

007

Sammayagyo

三昧耶はサンスクリット語で
“平等・本誓・除障・警覚”を意味する。
仏のシンボルを学ぶことで、
仏と一体となる境地を目指す。

重文『蘇悉地儀軌契印図(そしつじぎきけいいんず)』部分(東寺蔵)

Chapter 1 Shingon Mikkyo Keyword no. 007

Sammayagyo

持物や印相で仏の教えを表す

大日如来をはじめ、密教に登場する諸尊の姿そのものを表すのではなく、諸尊の特徴や、教えを象徴する持物や印相といったシンボルで表したものを三昧耶形という。

代表的な三昧耶形のひとつに仏像が手にする持物がある。薬師如来が持つ薬壺、観音菩薩の象徴である蓮華、千手観音や不空羂索観音が衆生を救うために持つ羂索、如意輪観音が持つ法輪、地蔵菩薩が六道を巡る象徴として持つ錫杖、不動明王が持つ、煩悩を断ち切る宝剣などはみな、その仏の教えや慈悲を具体的な形として表した三昧耶形である。また持物を持たない大日如来の場合は、五輪塔や宝塔が三昧耶形である。

このほか三昧耶形は、両手の指を組み合わせてつくる印相によっても表される。印相は印契、密印ともいい、もとはインドのバラモン教の儀式で、祭司たちが悟りの内容を手指で示したムドラーを発祥としている。印相は仏の

Column

印相

代表的な印相である合掌印、定印、拳印の意味

印相(印契)にはさまざまな種類があるが、大きく合掌印、定印、拳印に分けられる。真言密教の場合は、堅実心(けんじつしん)合掌や金剛合掌など12種類の合掌印(十二合掌)と、内縛(ないばく)拳や外縛(げばく)拳など6種類の拳印(六種拳)を合わせた18の印が基本となる。

合掌印

両方の掌を合わせる形

堅実心(けんじつしん)合掌(いわゆる合掌)や蓮華合掌、写真の金剛合掌が代表的。(写真:重文『蘇悉地儀軌契印図』部分・東寺蔵)

page
五智如来 — 17　五大明王 — 20　三密 — 68

90種類の印相と1種類の法具を図解

蘇悉地（そしつじ）法を修する際の印相を描いている。重文『蘇悉地儀軌契印図』より（東寺蔵）

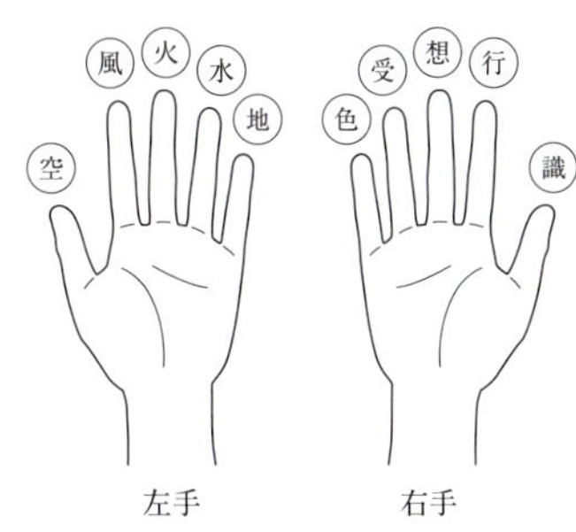

真言密教が説く両手の指10本に込められる意味

上記のように仏の悟りの内容を表す両手の指を組み合わせることで、さまざまな印を結ぶ。

シンボルであり、身密（身体）、口密（言葉）、意密（心）の働きである三密を重要とする密教では、身密による仏と人間の合一、悟りの内容を示すものとして、特に重視されている。

印相にはさまざまなパターンがあるが、諸尊ごとに形式はほぼ決まっている。たとえば大日如来であれば、左手に右手を重ねて親指同士を触れ合わせた法界定印か、左手を握り人差し指だけを立て、それを右手で握り込む智拳印のどちらかである。

また真言密教では指10本すべてに意味があると考えられており、右手の親指から順に識、行、想、受、色、左手の親指から順に空、風、火、水、地となり、これらの組み合わせによってさまざまな教えが説かれているのである。そして印相は真理へと通じ、それ自体が力を持つため、密教の僧だけが使いこなせるものであり、一般に見せたりみだりに公開することは危険を伴う行為として禁じられている。

定印

悟りに入っていることを表す形

両方の掌を上に向け、膝の上で重ね合わせる形。阿弥陀如来の阿弥陀定印（写真：重文『五智如来』のうち『阿弥陀如来坐像』東寺蔵）が代表的。

拳印

手で拳をつくる形

金剛界大日如来の智拳印（写真：重文『大日如来坐像』金剛峯寺蔵）が代表的。真言密教では右手は仏または金剛界、左手は人間または胎蔵界の象徴。

千手観音の持物と意味

仏が手に持つ持物も
三昧耶形のひとつ。
千の手と千の眼で
衆生を救う千手観音は
衆生の願いを叶える
さまざまな持物を持つ。

Chapter 1
Shingon Mikkyo
Keyword no.

007

Sammayagyo

No.	持物	読み	意味
1	錫杖	しゃくじょう	鐶付きの錫杖。すべての衆生を保護する。
2	宝剣	ほうけん	柄が三叉の三鈷剣で邪鬼を払う。
3	施無畏手	せむいしゅ	持物を持たない手。不安を払う。
4	化仏	けぶつ	十方の仏が将来の成仏を約束する。
5	月輪	がちりん	熱や毒による病を治す。月精摩尼。
6	払子	ほっす	もとは虫を追い払う道具。障りを払う。
7	金蓮華	きんれんげ	紫蓮華で表されるのが一般的。
8	髑髏杖	どくろじょう	鬼神を降伏し、意のままに操る。
9	宝鉤	ほうこう	鉤状の武器。竜王善神の守護を受ける。
10	宝珠	ほうじゅ	意のままに願いが叶う。如意珠。
11	宝印	ほういん	仏の教え。さまざまな弁舌に優れる。
12	宝箭	ほうせん	矢のこと。反対の手の宝弓と対をなす。
13	金剛杵	こんごうしょ	煩悩を払う武器。独鈷杵。
14	鉞斧	えっぷ	官難を避け、平和をもたらす。まさかり。
15	青蓮	しょうれん	十方浄土に生まれ変わる。青蓮華。
16	傍牌	ほうはい	龍の顔がついた楯。悪獣を払う。
17	胡瓶	こびょう	千手観音の水差し。平和を得る。
18	羂索	けんさく	端に金剛杵の半形と鐶が付く。不安を払う。

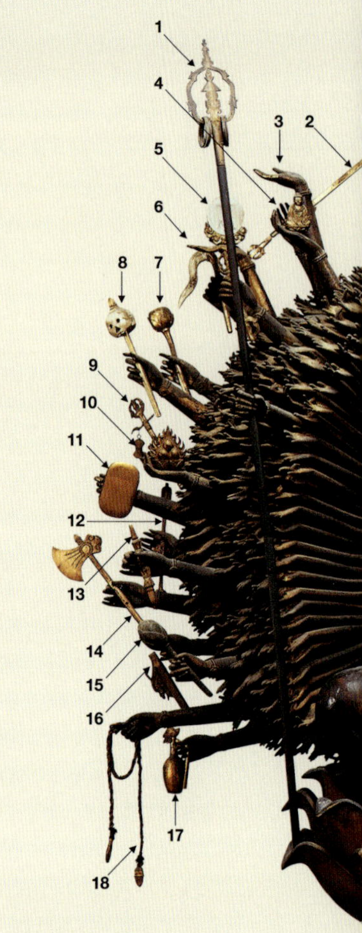

持物（じもつ）の種類や持ち手は像によって異なる

紹介した持物のほか三鈷杵、宝経、数珠、楊柳（ようりゅう）なども一般的。千手観音像は通常、合掌手を含めて42臂で造像されるのが一般的だが、葛井寺（ふじいでら）の千手観音は1043臂を持つ。国宝『千手観音菩薩坐像』（葛井寺蔵）

19 宝戟 ほうげき
先端が三叉の武器で敵を払う。

20 宝篋 ほうきょう
地中に隠れた宝を得る。梵篋。

21 宝輪 ほうりん
煩悩を払い悟りを求める心を得る。

22 日輪 にちりん
暗闇の中で光を得る。日精摩尼。

23 五色雲 ごしきうん
神仙道を得て不老長寿を叶える。

24 宮殿 きゅうでん
浄土の宮殿に往生する。化宮殿。

25 蒲桃 ほとう
葡萄のこと。実や穀物を得る。五穀豊穣。

26 宝鉢 ほうはつ
腹の病を直す。膝上の両手で持つ像が多い。

27 宝螺 ほうら
ほら貝のこと。善神を招き寄せる。

28 宝弓 ほうきゅう
出世が叶う。反対の手の宝箭と対をなす。

29 紅蓮華 ぐれんげ
諸天の宮殿に生まれ変わる。

30 白蓮華 びゃくれんげ
あらゆる功徳を成就させる。

31 澡瓶 そうびょう
水差し。梵天の世界に生まれ変わる。

32 宝鐸 ほうたく
音声（おんじょう）を得る。

33 玉環 ぎょくかん
よき従者を得る。宝釧（ほうせん）を持つことも。

金剛界大日如来

大日如来の印相で分かる胎蔵界と金剛界

真言密教の2大経典である大日経と金剛頂経に基づく胎蔵界と金剛界のうち、胎蔵界の大日如来は法界定印、金剛界の大日如来は智拳印を結んでいる。左：重文『大日如来坐像』（金剛峯寺蔵）、右：根本大塔内の『胎蔵大日如来像』

Column

曼荼羅の中の三昧耶形

三昧耶会（さんまやえ）と降三世（ごうざんぜ）三昧耶会

両界曼荼羅（→P48）のうち金剛界曼荼羅を構成する九つの会（え）の中には、仏そのものの姿ではなく、仏を象徴する持物（じもつ）でのみ描かれている三昧耶会と降三世三昧耶会という会がある。また曼荼羅には、密教法具や持物、仏が結ぶ印相によって諸尊の教えを表す三昧耶曼荼

胎蔵界大日如来

法界定印
ほうかいじょういん

羅もある。写真は『両界曼荼羅図』のうち金剛界（金剛峯寺蔵）。九つの会のうち四角で囲んだ部分の左が三昧耶会、右が降三世三昧耶会。

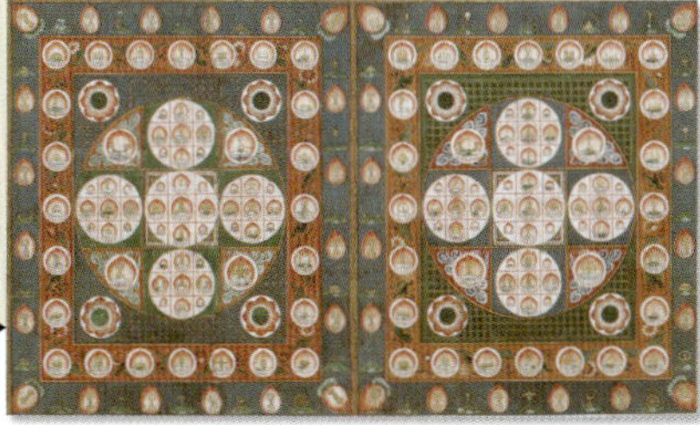

曼荼羅

Keyword no. 008

まんだら

密教の経典が説く宇宙観を凝縮

金剛界曼荼羅
こんごうかいまんだら

金剛頂経の教えを表す。
仏の智慧に触れ、
悟りに至る過程を
九つの段階に分けて説く。

仏の姿や梵字で埋め尽くされる曼荼羅は、
深遠なる教えを万人が理解できるよう、
密教の世界観を凝縮したもの。
そこにはこの世の真実、真理が示されている。

胎蔵界曼荼羅
たいぞうかいまんだら

大日経の教えを表す。
大日如来の慈悲が
衆生に伝わり、
教えが実践されるさまを表す。

重文『両界曼荼羅(血曼荼羅)』(金剛峯寺蔵)

金剛界曼荼羅

こんごうかいまんだら

降三世三昧耶会（ごうざんぜさんまやえ）から
順に修行を積んで
螺旋状に会を重ねていき、
中央の大日如来が座る
成身会（じょうじんえ）に達すると、
悟りを開いて仏になる。

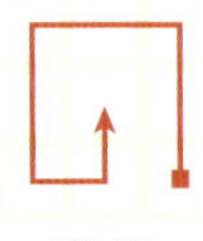

向上門（こうじょうもん）

修行を重ねて
悟りに至る
過程を表す。

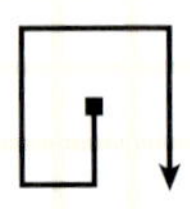

向下門（こうげもん）

仏が衆生を
救いに向かう
過程を表す。

金剛界を構成する九つの会（え）

● 成身会（じょうじんえ）	金剛界曼荼羅で最も重要な会。大日如来を中心に四如来などが配される。
● 三昧耶会（さんまやえ）	成身会の諸尊をそれぞれの三昧耶形（シンボル）で表したもの。
● 微細会（みさいえ）	成身会の諸尊を金剛杵（三鈷杵）の後背をもつ尊像の姿で描いている。
● 供養会（くようえ）	成身会の諸尊がたがいに供養し合う姿が描かれている。
● 四印会（しいんえ）	成身会が説く内容を分かりやすく簡略化して表したもの。
● 一印会（いちいんえ）	四印会をさらに簡略化したもの。月輪の中に大日如来のみを描く。
● 理趣会（りしゅえ）	金剛薩埵、四金剛菩薩、四金剛女菩薩を配し、理趣経の教えを表す。
● 降三世会（ごうざんぜえ）	成身会に描かれる内容と似ているが、不動明王、降三世明王などが描かれる。
● 降三世三昧耶会（ごうざんぜさんまやえ）	降三世会に描かれる諸尊をそれぞれの三昧耶形（シンボル）で表したもの。

南
south

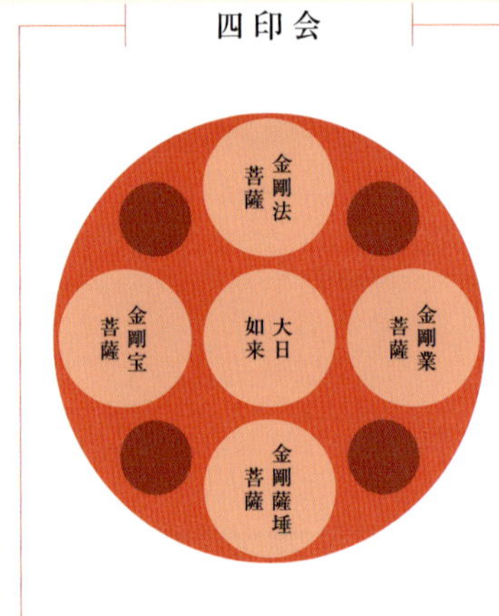

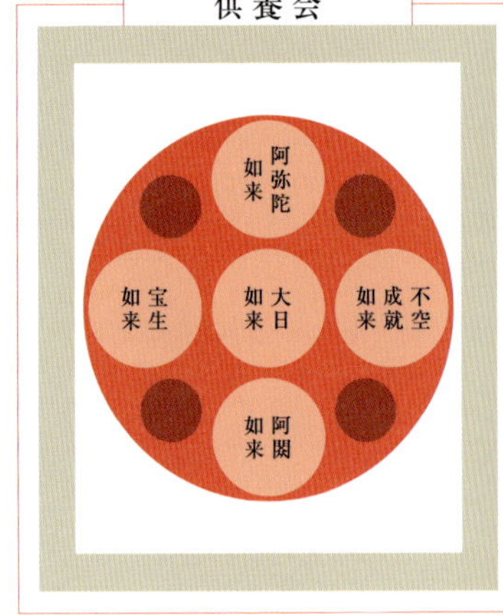

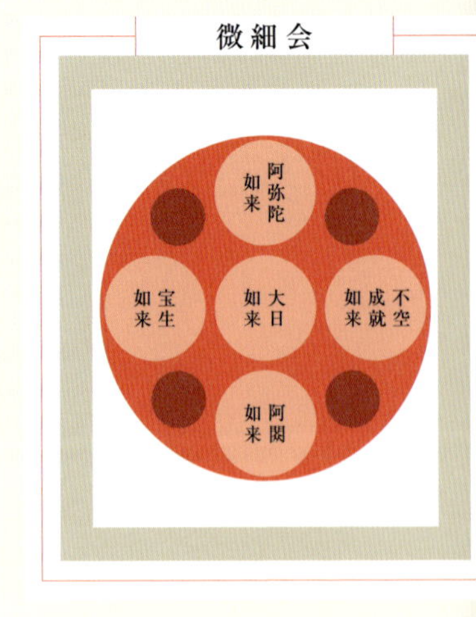

西 west

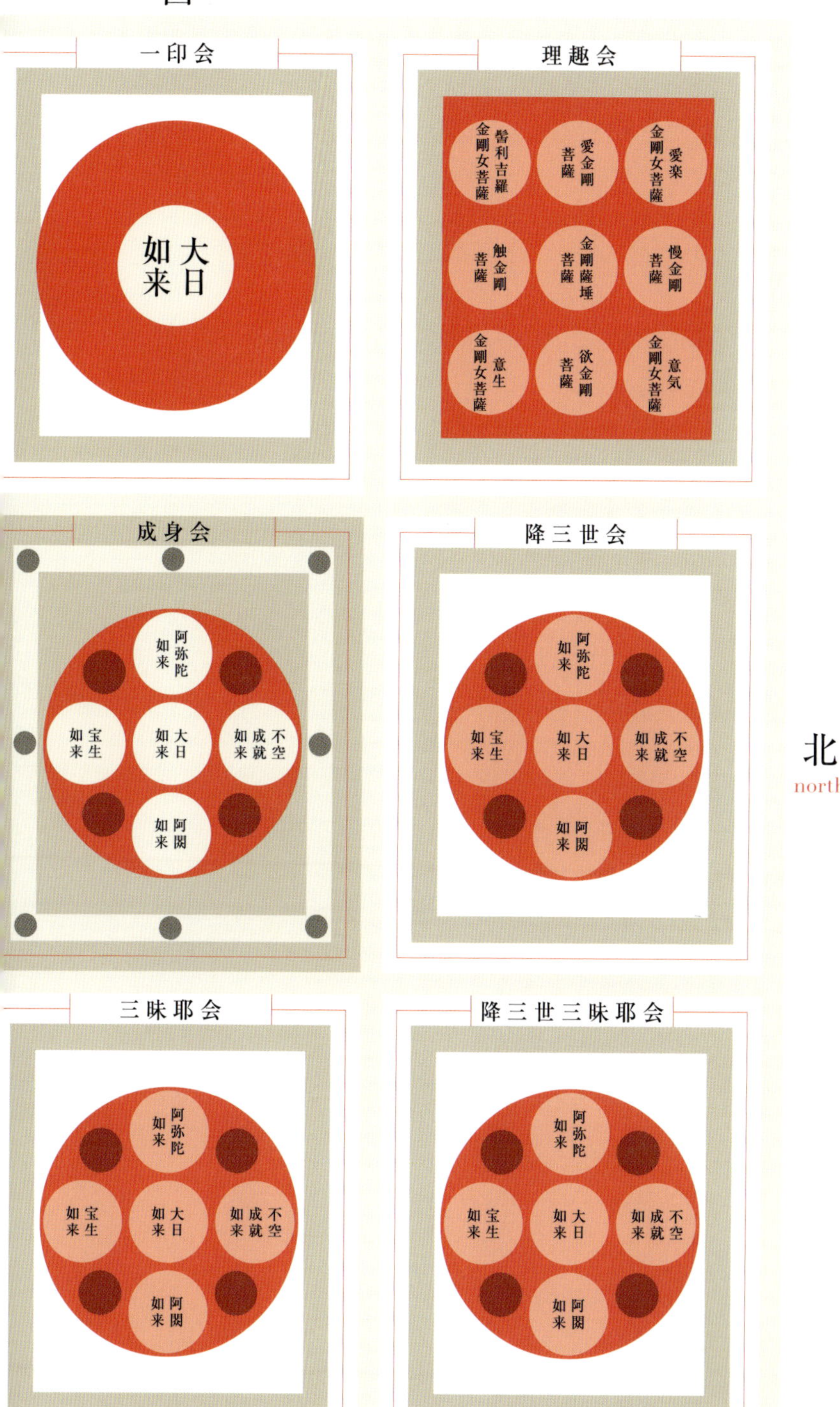

北 north

東 east

*成身会の詳細 → P52

金剛界曼荼羅の根本となる成身会に描かれるもの

（成身会：じょうじんえ）

成身会は、大日如来の智慧の世界を表す、金剛界曼荼羅で最も重要な会。単独で金剛界曼荼羅と呼ばれることもあるほか、羯磨会（かつまえ）や根本会と呼ばれることもある。

成身会

金剛華菩薩　賢劫千仏　金剛鏁菩薩　賢劫千仏　金剛燈菩薩

水天　風天

賢劫千仏　賢劫千仏

金剛語菩薩
金剛利菩薩　阿弥陀如来　金剛因菩薩
金剛法菩薩

金剛鬘菩薩　金剛歌菩薩

金剛索菩薩　金剛鈴菩薩

金剛幢菩薩
金剛笑菩薩　宝生如来　金剛宝菩薩
金剛光菩薩

法波羅蜜菩薩
宝波羅蜜菩薩　大日如来　羯磨波羅蜜菩薩
金剛波羅蜜菩薩

金剛護菩薩
金剛業菩薩　不空成就如来　金剛拳菩薩
金剛牙菩薩

金剛嬉菩薩　金剛舞菩薩

賢劫千仏　賢劫千仏

金剛薩埵菩薩
金剛愛菩薩　阿閦如来　金剛王菩薩
金剛喜菩薩

火天　地天

金剛香菩薩　賢劫千仏　金剛鉤菩薩　賢劫千仏　金剛塗菩薩

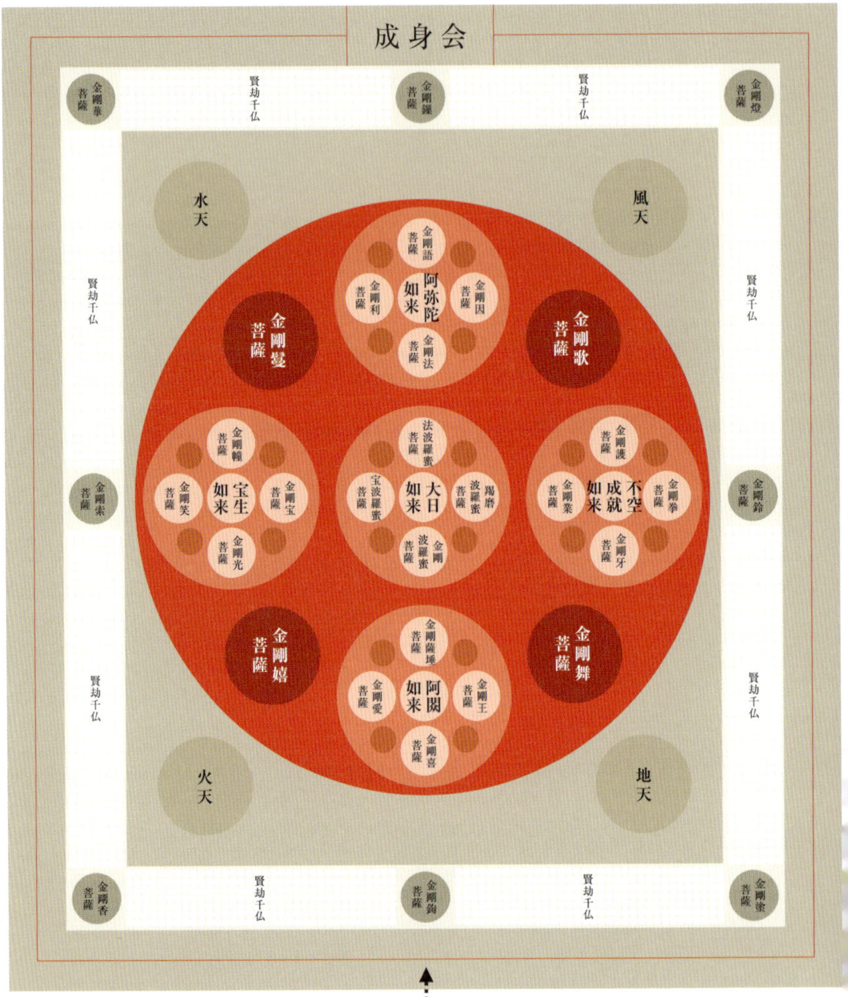

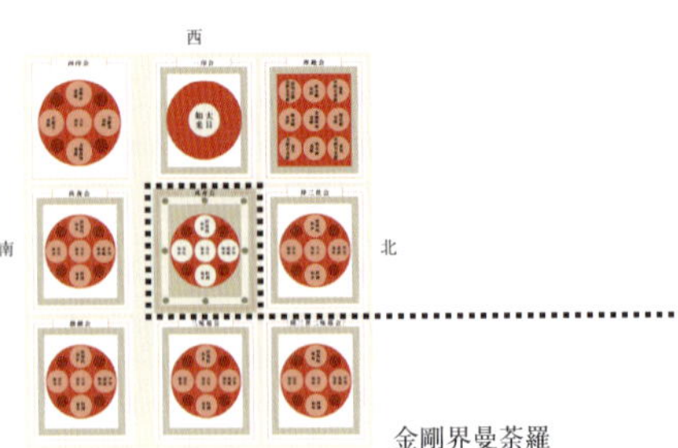

金剛界曼荼羅

諸仏諸尊の悟りの世界を表現

曼荼羅とは"存在の本質、本質を持つもの"を意味し、仏教の世界観、人生の歩み方、社会観、宇宙観などこの世の真実、真理を示した図のことである。日本では密教の曼荼羅のほかにも、極楽浄土と阿弥陀仏を描く智光曼荼羅や浄土曼荼羅などがある。また神道では太陽神的な性格を持つ大日如来を、本地垂迹説から天照大御神の本地仏と考えており、垂迹曼荼羅も登場している。

仏教における曼荼羅は視覚的に受け取る修行のために、彫刻や絵画によって表現されることが一般的である。大日如来を宇宙の中心、真理として据えて、周りには多くの如来や菩薩、明王が大きな輪をなす。すべての仏は人間の生き方、考え方を象徴しており、それぞれの違いを知り、認めながらも、さらに深い本質を見ようとすれば、実はそこには動かすことのできない共通点があるのだということを曼荼羅は教えている。

空海がもたらした密教の教えは深遠なもので、経典を説くだけで全貌を理解できる人は少なかったため、教えを視覚的に説く曼荼羅はそうした人々にも受け入れられた。なかでも両部の大経と呼ばれる密教の二大経典である大日経と金剛頂経の宇宙観を体系的、統一的にとらえられるように、それぞれをひとつの絵として図示したのが胎蔵界曼荼羅と金剛界曼荼羅からなる両界曼荼羅である。

7世紀中頃に成立した大日経に基づく胎蔵界曼荼羅は、仏の救いの働きである大悲が宿る母胎のようなイメージを表現したものであることから、大悲胎蔵生曼荼羅とも呼ばれる。12の院(→P54)に加え、曼荼羅には描かれない東南西北の門を守る四大護院を併せた13の院の中に414尊の仏が描かれる。

一方、7世紀末に成立した金剛頂経に基づく金剛界曼荼羅は"金剛石(ダイヤモンド)のように堅固な真理を表した曼荼羅"という意味であり、1461尊の仏が描かれる。人が仏の智慧に触れ、悟りに至るまでの過程を九つの段階に分けて説いていることから九会曼荼羅とも呼ばれる。

重文『大日如来坐像』
金剛峯寺蔵

根本大塔内の
『胎蔵大日如来像』

大日如来の慈悲を表す胎蔵界と智慧を表す金剛界。

Keyword no.
009

金胎不二
こんたいふに

金剛界の教えと胎蔵界の教えはふたつでひとつの教え

金剛界と胎蔵界が一体であることを意味する。高野山・壇上伽藍の根本大塔には胎蔵界の大日如来と金剛界の四仏、西塔には金剛界の大日如来と胎蔵界の四仏が祀られており、大日如来が入れ替わっている。これも両界が根源的には一体であるということを説くためのものだという。

page
五智如来 —  17
五大明王 —   20
両部の大経 —  69

胎蔵界曼荼羅

たいぞうかいまんだら

中心である中台八葉院（ちゅうだいはちよういん）の中央で
8枚の花弁からなる蓮の花の中央に位置する
大日如来の慈悲が
放射線状に衆生に伝わり、
教えが実践されていくさまを表す。

胎蔵界を構成する12の院

● 中台八葉院（ちゅうだいはちよういん）	胎蔵界曼荼羅の中心部。大日如来を四如来と四菩薩が取り囲んでいる。
● 遍知院（へんちいん）	すべての如来の智慧を象徴する三角形の火炎を中央に配し、大智を表す。
● 金剛手院（こんごうしゅいん）	中心は大日如来の智慧と人々をつなぐ金剛薩埵。諸尊は金剛杵や輪宝を持つ。
● 持明院（じみょういん）	穏やかな表情の般若菩薩と忿怒の形相の明王が描かれ、煩悩を払う。
● 観音院（かんのんいん）	観音菩薩が描かれる。大悲をもって煩悩を払い、悟りへと導く。別名蓮華部院。
● 釈迦院（しゃかいん）	説法印を結ぶ釈迦如来を中心に諸尊、釈迦の弟子が描かれる。
● 文殊院（もんじゅいん）	人々に智慧を授ける姿で描かれる文殊菩薩を中心とし、智慧の力を表す。
● 除蓋障院（じょがいしょういん）	中心の不思議恵菩薩（除蓋障菩薩）は、煩悩や苦しみなどの障害を取り除く。
● 虚空蔵院（こくうぞういん）	虚空のように一切を包容する智慧をもつ虚空蔵菩薩を中心に配する。
● 蘇悉地院（そしつじいん）	上部の釈迦院と文殊院の対として、虚空蔵院を上下ふたつに分けたうちの下院。
● 地蔵院（じぞういん）	釈迦の入滅後、弥勒菩薩の出現まで人々を教え、救う地蔵菩薩の院。
● 最外院（さいげいん）	異教の神々などが描かれ、内側の諸尊を守る。別名外金剛院。

北
north

東 east

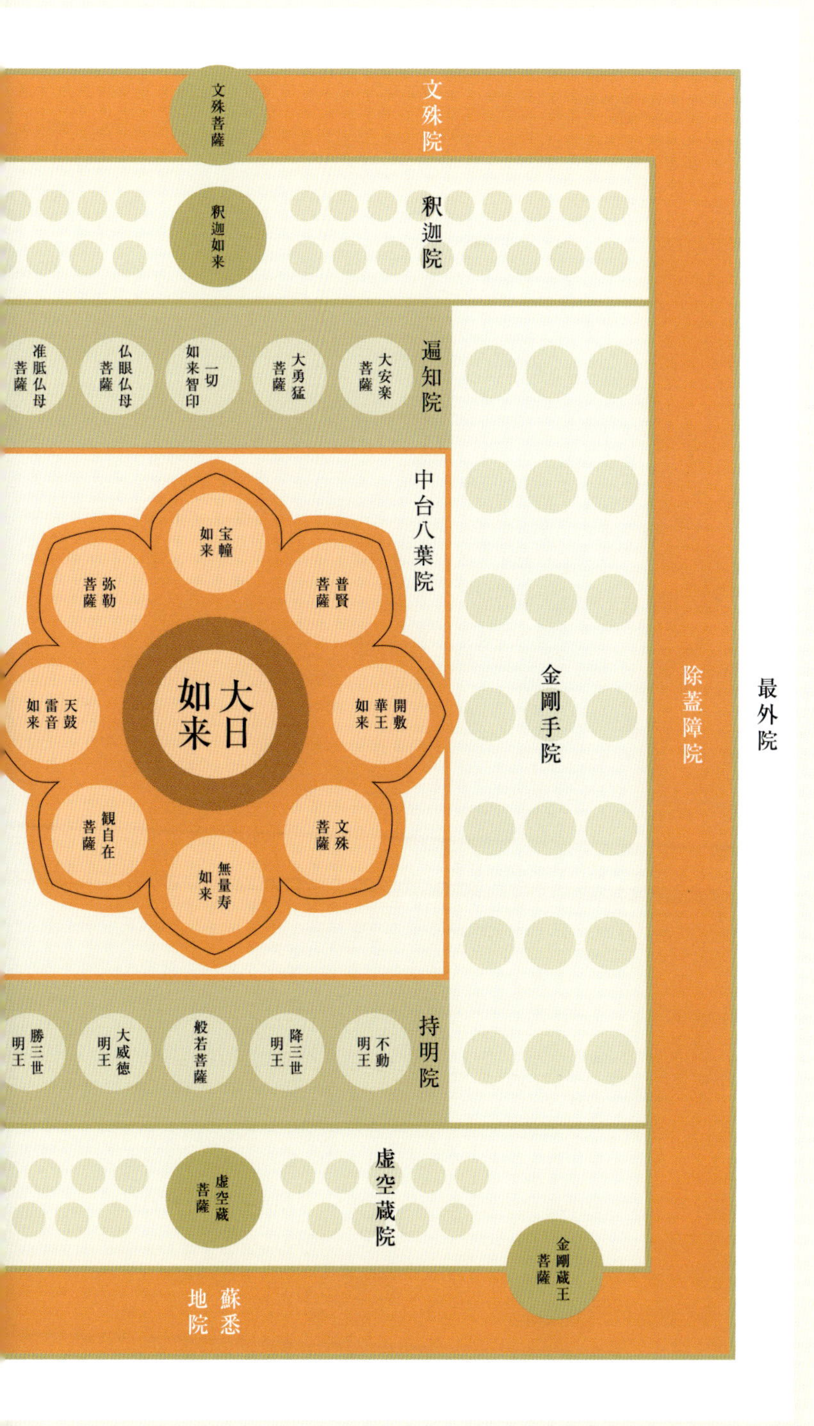

南 south

西 west

010 四菩薩

しぼさつ

胎蔵界曼荼羅の中台八葉院に配される菩薩

宝幢如来

大日如来

弥勒菩薩

普賢菩薩

天鼓雷音如来

開敷華王如来

観自在菩薩

文殊菩薩

無量寿如来

『両界曼荼羅図』のうち胎蔵界（部分）（金剛峯寺蔵）

四菩薩とは、胎蔵界曼荼羅の中央に位置する中台八葉院において、宝幢、開敷華王、無量寿、天鼓雷音という四如来とともに大日如来を取り囲む四尊の菩薩を指す。他の宗派でも四菩薩は登場するが、信仰の対象として四尊で造像配置されている例はまれで、日本の仏教では密教における四菩薩が代表的である。

南東に配される普賢菩薩は、賢固不動の菩薩心を表す代表仏として重要視され、金剛薩埵と同尊であるといわれる。また南西の文殊菩薩と並び、金剛界曼荼羅でも賢劫十六尊の一尊として登場する。北西には観自在菩薩、北東には弥勒菩薩が配される。弥勒菩薩は飛鳥時代から信仰を集めていたが、真言密教との交わりでさらに各地へと広まっていった。弘法大師・空海は高野山を弥勒浄土と考え、そこに入定して56億7000万年後の弥勒の出現に待機しているとも伝えられる。

011 四種曼荼羅

ししゅまんだら

さまざまな姿で表される仏の世界

曼荼羅とひと口にいっても、宗派や用途などによってさまざまな種類がある。真言密教では形態によって大曼茶羅、三昧耶曼荼羅、法曼荼羅、羯磨曼荼羅の4種類に分けている。

大曼荼羅は仏の普遍的な姿、いわゆる仏像に表される姿を描いた一般的なもので、三昧耶曼荼羅は仏を象徴する持物や印相で表したもの、法曼荼羅は仏を象徴する種子（梵字）で表したものである。羯磨曼荼羅は諸尊の彫像（仏像）で表したもので、京都の東寺（教王護国寺）に代表される立体曼荼羅を意味する。

東寺講堂内。大日如来を中心に構成される立体曼荼羅は、空海の構想から生まれた。（東寺蔵）

東寺講堂内の尊像配置図

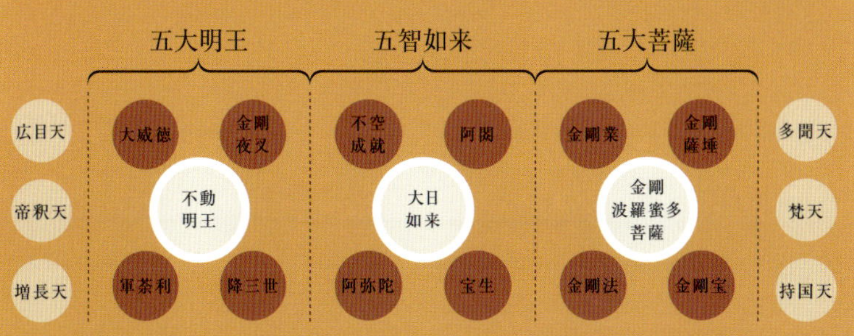

護摩

Keyword no. 012

ごま

燃えさかる炎で煩悩を焼き払う密教ならではの修行

Chapter 1 Shingon Mikkyo Keyword no. 012 Goma

燃えさかる炎に僧が護摩木を投げ入れながら祈りを捧げる——これが真言密教の秘法、護摩である。もともとは、バラモン教やヒンドゥー教で行われていたもので、インド神話に登場する火天・アグニに供物を捧げて祈願する儀礼であった。これが仏教に取り入れられると、火の神への祈りから、煩悩を焼き、悟りを目指す修行へと意味合いが変化していったのである。

護摩という言葉は、サンスクリット語で"焚く"、"焼く"、"祀火（しか）"という意味を持つ、ホーマの音写である。密教において火は穢れを浄化するものであり、護摩は人間の煩悩に見立てた護摩木や供物を火中に投げ入れ、焼き浄めることにより悟りへ近づこうとする修行なのである。護摩においては、火焰光背（かえんこうはい）を背負い、怒りの表情で煩悩を焼き切ろうとする不動明王を本尊とすることが最も多い。

護摩には、護摩壇で火を焚き、護摩木や供物を投じて祈願する外（げ）護摩と、自分自身を護摩壇に見立て、仏と一体となった智慧の火（智火（ちか））を用いて、自分の心の中にある煩悩やカルマ（業（ごう））を観法（かんぼう）（密教における瞑想）をもって焼き払う、内（ない）護摩というふたつの方法がある。

調伏法
ちょうぶくほう

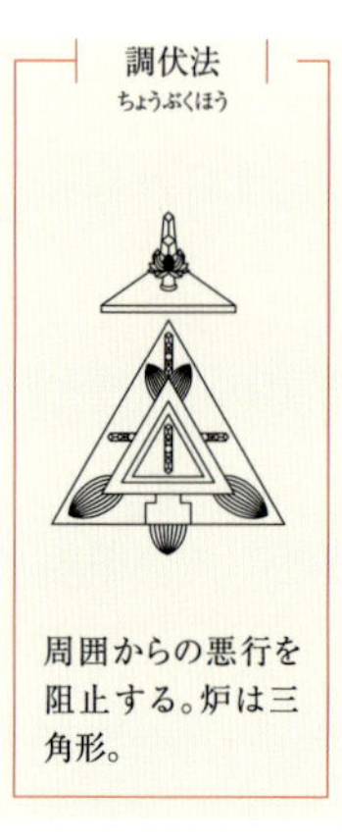

周囲からの悪行を阻止する。炉は三角形。

息災法
そくさいほう

自己の無病息災、業（ごう）の浄化を祈る。炉は円形。

増益法
ぞうやくほう

能力や智慧、福徳の増進を祈る。炉は四角形。

敬愛法
きょうあいほう

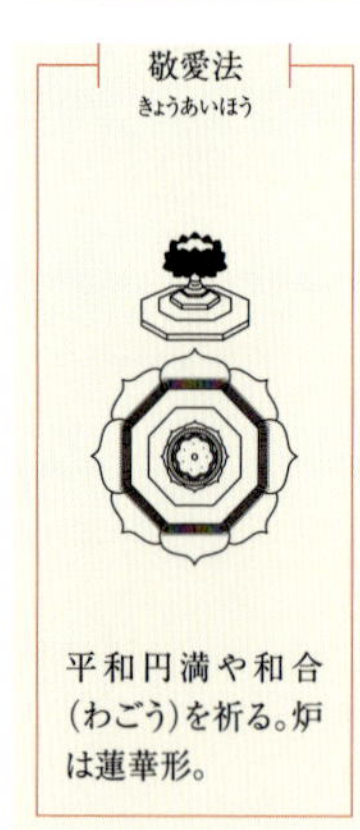

平和円満や和合（わごう）を祈る。炉は蓮華形。

祈禱の目的によって護摩の手法は異なる

護摩の手法は祈禱の目的によって大きく四つに分けられる。それぞれ炉の形や色、行者が座る位置、くべる護摩木の種類、祈禱時刻、香華（こうげ）や供物までが異なる。

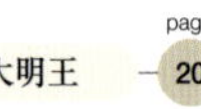
五大明王 — page 20

斎戒沐浴(さいかいもくよく)をして身を浄めた行者が
立ち上る炎を前に祈りを捧げる護摩は、
煩悩を焼き払って悟りを目指す密教ならではの修行である。
燃えさかる炎にくべる護摩木や供物は
人間の煩悩を表している。

毎朝、護摩を焚く奥之院燈籠堂の護摩壇の様子

寺院内に護摩壇を設ける場合は壇(だん)護摩、屋外の場合は柴燈(採燈・さいとう)護摩と呼ぶ。

法具

Keyword no. 013　ほうぐ

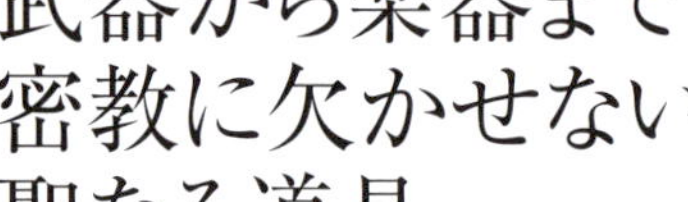

武器から楽器まで密教に欠かせない聖なる道具

角盥
つのだらい

灌頂（かんじょう）の際に使用する盥

深くて丸い鉢のような容器の左右に角状の取っ手が2本ずつ突き出た木製の盥。蓋がついており、黒漆が塗られている。伝法灌頂に用いる。

柄香炉
えごうろ

修法（しゅほう）で使用する柄付きの香炉

持ち運びしやすいように柄を取り付けた香炉。諸尊を礼拝供養する際には、脇机に置いた柄香炉を行者が手に持ち、香を献じる。

吹螺・法螺
すいら・ほら

合図や説法に使う楽器

巻貝の殻頂（かくちょう）を切って歌口をつけた吹奏楽器。説法開始を知らせる人寄せの合図に用いる。また、その音自体が仏の説法を意味することもある。

鈸
はち

声明（しょうみょう）に欠かせない楽器

つば広の帽子のような形をした銅製の打楽器。シンバルのように両手に持ち、上端を軽く打ちつけるように突いてその振動音を響かせて使用する。

煩悩を打ち砕く武器や、仏をもてなす楽器など
密教伝来当初から変わらず
使い続けられる神秘の道具である。

金剛杵（こんごうしょ）
金剛鈴（こんごうれい）
金剛盤（こんごうばん）

神秘の力を秘めた密教の代表的法具

煩悩を打ち砕き、修法の場と行者を守る金剛杵は、帝釈天（インド神話のインドラ神）の持物で、雷を象徴する最強の武器。先端の形によって独鈷杵、三鈷杵、五鈷杵と名称が変わる。金剛鈴は澄んだ音を諸尊に捧げる法具。それらを置く台は金剛盤といい、衆生の仏心を表す心臓の形をしている。

払子（ほっす）

虫を払うものから煩悩を払うものへ

獣毛や麻などの繊維を束ねて柄をつけたもの。インドで蚊やハエを追い払うのに使われた道具が、煩悩を払う法具として仏教に取り入れられた。

羽箒と塵取（はぼうきとちりとり）

供養で撒いた花を集める道具

生花の少ない高野山では、諸尊を供養する"散華（さんげ）"を行う際、花びらに見立てた色紙や生葉を撒く。それらを集めるために使う。

華籠（はなかご）

散華（さんげ）の花を載せる籠

法会で行う散華の際に用いる籠。籠の上には、生花の代わりに樒（しきみ）の生葉や蓮の花びらをかたどった色紙を載せておく。

如意（にょい）

意思疎通を思いのままに

手の届かない所に届く孫の手から転化して、意の如くなることを表したもの。説法や論議で、意思疎通が上手くいくという意味で威儀を正すのに用いる。

年中行事では多様な法具を使う。写真は大曼荼羅供。

その使い方は真言密教の秘儀である

日本の寺院の本堂（金堂）内の一般的な構図は、中央一番奥に本尊や前立ち（厨子などに収められている本尊の代わりに、その前に祀られる仏像）を安置し、その前の横長の机（前机）に香炉やろうそく立て、花瓶を置く。僧が向かい座って読経をする前机の脇には木魚や鐘、お経を載せる経机などを配置する。これが宗派を問わずわれわれが知る一般的な姿である。しかし密教寺院では、僧と前机との間に、大壇（または護摩壇）と呼ばれる正方形の大きな台を置く。聖なる空間を確保するため、大壇の周りは格闘技のリングのように四方を1本の細い紐（壇線）で囲い、周囲と区切って結界を形づくっている。

直接体験の世界である密教ではこの大壇を実践の場として仏と僧、そして宇宙とが一体となる修法を行うのである。修法とは、壇を設けて本尊に向かい、手に印を結びながら真言を唱え、本尊と行者が一体となることを目指す行法（修行の方法）である。

修法の際に用いられる道具、それが法具であり、その用途ごとに大きく4種類に分けられる。ひとつ目は輪宝、羯磨、金剛杵という結界と修法者を守る法具。密教を代表する法具であり、仏の智慧を表し、煩悩を打ち砕く武器として取り入れられた。ふたつ目は洒水器、散杖、塗香器という本尊と修法者を水と香で浄める法具。三つ目は花瓶、六器、火舎、飲食器、柄香炉という仏を供養するための法具（供え物を入れる器）。四つ目は金剛鈴、磬など鐘のようなもの。これらは修法で招いた諸尊を舞曲でもてなすための楽器であり、楽器の音色は仏心を呼び覚ますと考えられている。

ほかに袈裟や数珠などの身に着けるものも法具に含まれるほか、広い意味では年中行事で用いられる器具も法具と呼ぶ。

独鈷鈴

とっこれい

独鈷杵の柄を持つ希少な金剛鈴

金剛杵を備えた鈴である金剛鈴のうち、鈴身に仏像を表したものを仏像鈴という。写真は柄の部分が独鈷杵になっている珍しいもの。8〜9世紀、中国・唐代の制作。重文『金銅仏具（四天王独鈷鈴）』（金剛峯寺蔵）

page
護摩  58
真言  14
金剛杵  63
袈裟 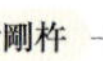 210
数珠  216
年中行事    116

Keyword no.

014 金剛杵

こんごうしょ

煩悩を打ち砕き、
仏の徳を表す
インド神話の“武器”

重文『金銅仏具(三鈷杵)』

重文『金銅仏具(独鈷杵)』

重文『金銅仏具(五鈷杵)』

独鈷杵は仏の慈悲、三鈷杵は三密、五鈷杵は仏の五智の象徴である。(すべて金剛峯寺蔵)

密教独特の法具である金剛杵(こんごうしょ)は、もとはインド神話における魔物退治の武器であり、帝釈天(インド神話のインドラ神)や金剛力士、金剛夜叉明王の持物(じもつ)であった。これが密教に取り入れられると、人間の煩悩を打ち砕き、仏の智慧の徳を表す法具として使われるようになっていった。

両脇のとがった部分の数によって独鈷杵(とっこしょ)、三鈷杵、五鈷杵の3種類に大きく分けられる。ほかにもふたつの三鈷杵を十字に組み合わせた羯磨(かつま)や両端に宝珠をつけ、古代インドでは医療器具として用いられた金錍(こんぺい)など、金剛杵の種類は多様である。片方に鈴をつけた金剛鈴(こんごうれい)は、楽器として修法(しゅほう)に用いる。

数ある金剛杵の中でも、空海が唐から持ち帰って生涯大切にし、加持祈禱の際に必ず手にしていたのが五鈷杵であるとされ、仏画や仏像で描かれる弘法大師・空海の右手には五鈷杵が握られている。

声明

Keyword no. 015

しょうみょう

密教の教えを授かる僧たちの歓喜を表現するメロディー

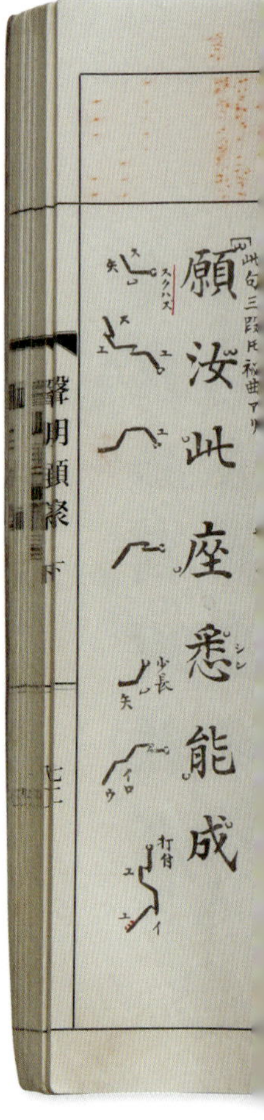

講式という声明が中心の常楽会

釈迦の入滅日前夜に行われる常楽会では、声明を通して釈迦を慕い、徳を称え、報恩を捧げる。

声明は一般に、僧が経にメロディー(旋律)をつけて唱えるもので、密教儀礼の中で用いられる声楽をいう。古代インドで"五明"と呼ばれた五つの学問のうちのひとつであり、音韻学を表した声明は、発音や発声を中心とした学問であったが、現在のような声楽としての声明が存在したことも古く経典の中に見ることができる。

インドで生まれた声明は、仏教の伝播とともに中国、日本へと伝わった。インドでつくられたものを梵讃と呼ぶが、古代インドのサンスクリット語を中国語に音写したもののため、そのままでは意味を理解することはできない。一方、のちに中国でつくられたもの、漢訳されたものを漢讃という。

声明は高度に体系化された声楽である。音階や表現技法、楽譜までもが存在し、それぞれ細かくルールが決められている。

声明には五つの音階があり、西洋音楽のドレミのように宮、商、角、徴、羽と名付けられている。この5音を単位に初重、二重、三重と3オクターブを表す段階があり、全部で15音からなっている。現在は、人が発声できないとされる低音部の3音、高音部の1音をのぞき、11音が使われている。さらに呂と律という基準が、15音それぞれの音の間の昇降や発声技法を規定している。

年中行事 page 116

儀式の中心となる僧が
道場において仏と向き合う際、
その空間を美しいメロディーで満たし、
密教の教えを授かる歓喜を表現するツールである。

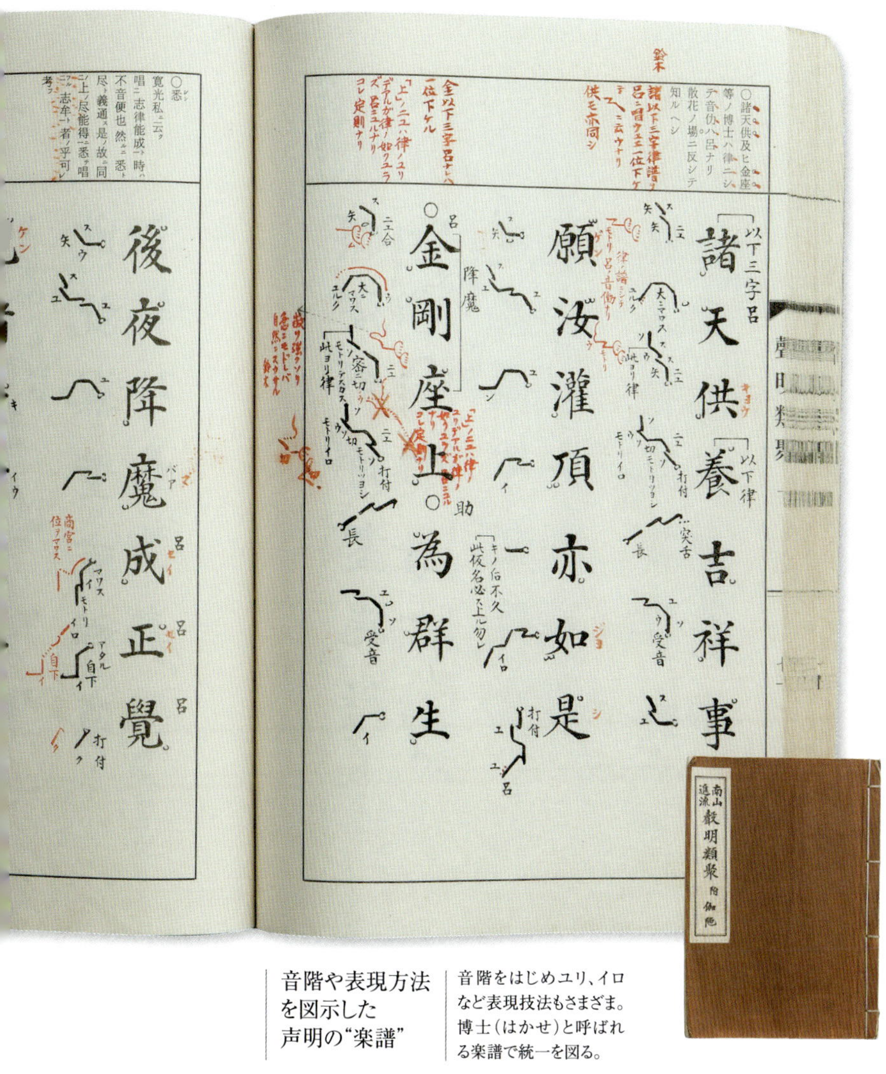

音階や表現方法を図示した声明の“楽譜”

音階をはじめユリ、イロなど表現技法もさまざま。博士(はかせ)と呼ばれる楽譜で統一を図る。

声明には、これらの音階や表現技法などを図示した、博士という、いわば楽譜のようなものがあり、それによって唱え方について一定の統一が図られる。その一方で、口訣(口伝)と呼ばれる博士に書かれていない表現技法も存在する。口訣集と呼ばれる参考書のようなものも存在するが、これらは本来、口伝えによってのみ師匠から弟子へと伝えられる。

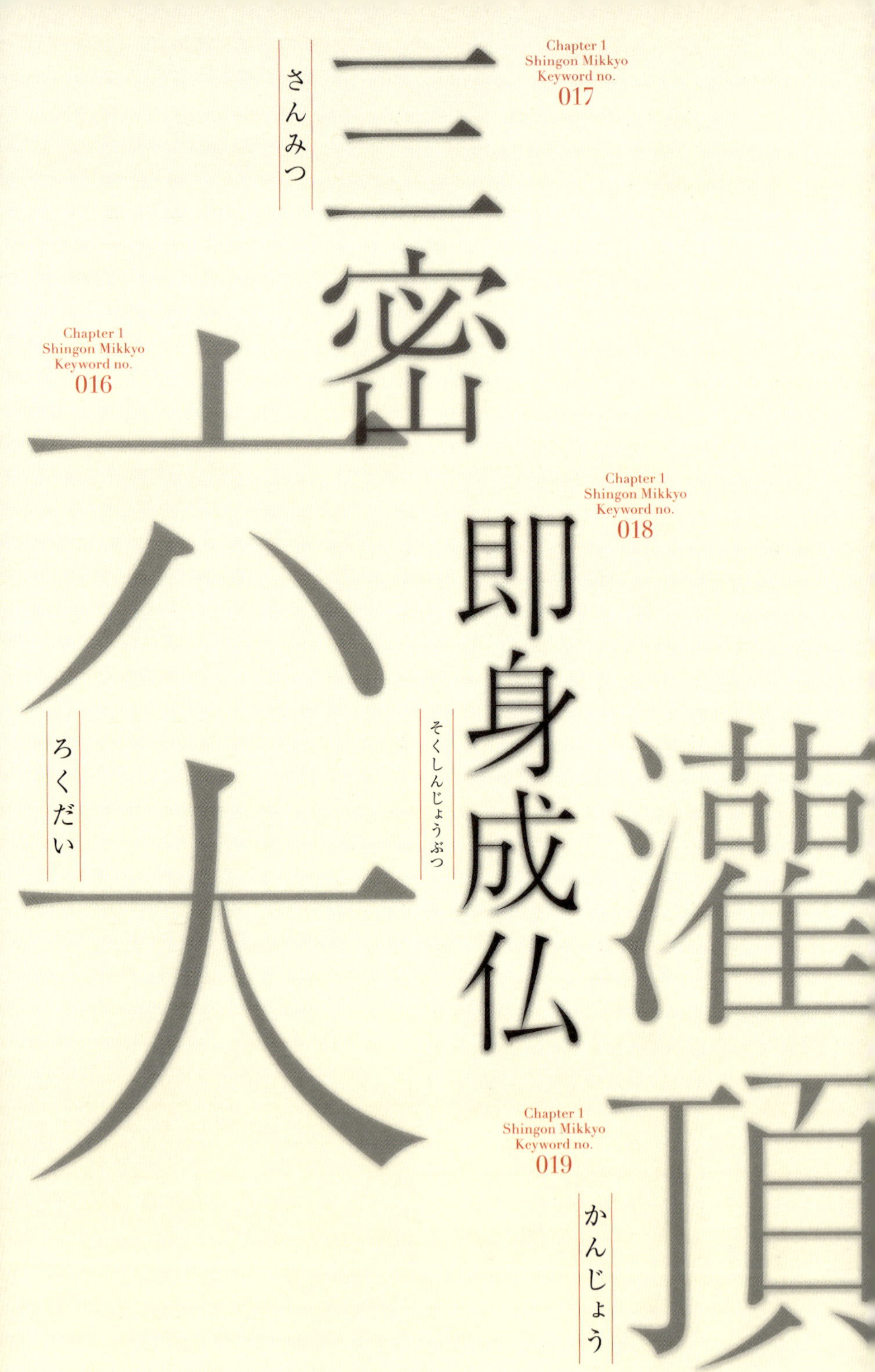
Chapter 1
Shingon Mikkyo
Keyword no.
016
六大
ろくだい
Chapter 1
Shingon Mikkyo
Keyword no.
017
三密
さんみつ
Chapter 1
Shingon Mikkyo
Keyword no.
018
即身成仏
そくしんじょうぶつ
Chapter 1
Shingon Mikkyo
Keyword no.
019
灌頂
かんじょう

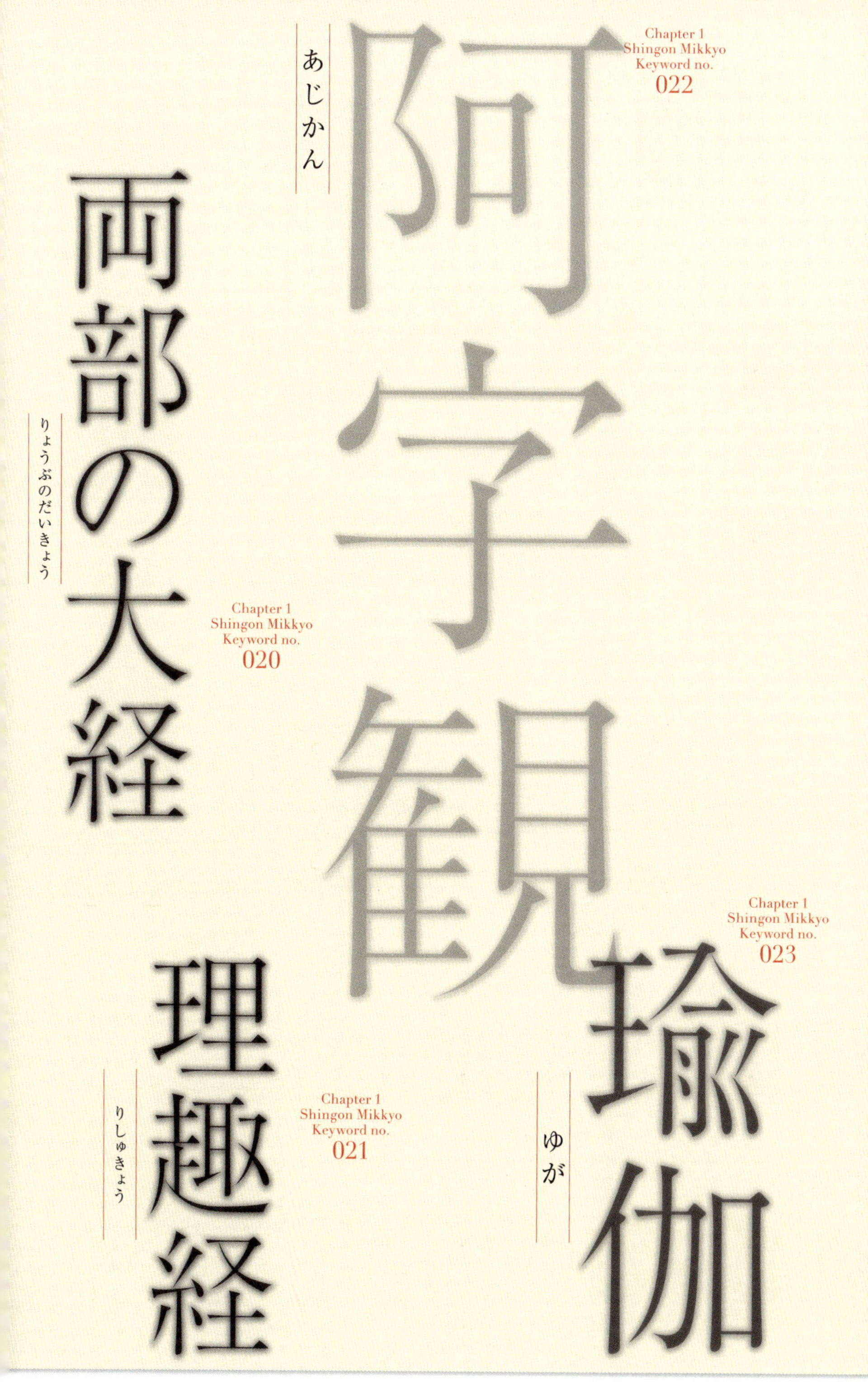
Chapter 1
Shingon Mikkyo
Keyword no.
022
阿字観
あじかん
両部の大経
りょうぶのだいきょう
Chapter 1
Shingon Mikkyo
Keyword no.
020
Chapter 1
Shingon Mikkyo
Keyword no.
023
瑜伽
ゆが
理趣経
りしゅきょう
Chapter 1
Shingon Mikkyo
Keyword no.
021

Keyword no. 016

六大

ろくだい

この世のすべてを構成する六つの要素

密教では、万物は本体（体・たい）、本体が持つ性質や姿かたち（相・そう）、本体が持つ働き（用・ゆう）の三つからなり、そのうち体は地（ち）、水（すい）、火（か）、風（ふう）、空（くう）、識（しき）の六大からなると考える。つまり万物は、大地のようにすべてを支える"地"、潤いをもってすべてを受け入れる"水"、熱ですべてを成熟させ、炎で浄化する"火"、吹くことですべてを養い助ける"風"、無限の空間ですべてを包む"空"という物質的な要素と、ものごとを認識する"識"という精神的要素を加えた六つの要素が作用し合いながら存在している。

六大は大日如来の本体でもある。

page
五智如来 — 17

Keyword no. 017

三密

さんみつ

仏の身体、言葉、心の働きのこと。人の場合は同じ三つが煩悩の元となる

仏の身体（身）、言葉（口・く）、心（意）の働きのことをいい、聖なるものと考える。この身体を動かす、言葉を話す、心に思うという三つの働きは、人間にとって生活の基本となる活動であり、仏教では煩悩の元になるものと考えることから、同じ身・口・意の三つを人間の場合は三業と呼ぶ。

手に印を結び（身密・しんみつ）、口で真言を唱え（口密・くみつ）、心に仏を思う（意密・いみつ）ことで煩悩から解き放たれ、仏との一体化を目指す修行を三密行という。

三密と三業は本質的には同じものであり、三密と三業が一体化して仏の境地に達することができたとき、即身成仏が叶うと考える。

page
真言 — 14
即身成仏 — 68

Keyword no. 018

即身成仏

そくしんじょうぶつ

この世に生きたまま悟りを開き、仏になる

成仏といっても死後の世界の話ではないし、即身仏（いわゆるミイラ）のことでもない。即身成仏とは、現世で修行を重ねた結果、生きたまま仏と一体となり、悟りを開くことができるという密教ならではの教えである。無限の時をかけなければ悟りを開くことはできない（つまり生きている間に悟りを開くことはあり得ない）とする顕教に対し、密教では生まれながらにして人間が持つ仏たる性質を修行によって目覚めさせることができれば、生きている間でも悟りを開くことができると考える。空海は『即身成仏義』の中で、三密加持によって人間の三業と仏の三密が一体となったとき、即身成仏が叶うと説いている。

page
著書 — 174
三密 — 68

Keyword no. 019

灌頂

かんじょう

聖なる水を頭に注いで真理を伝える儀式

もともとは、国王や皇太子に即位する者の頭に聖なる水を注ぐインドの儀式で、のちに仏教に取り入れられた。密教では師匠が弟子の頭に如来の五智を象徴する五瓶の水を注ぎ、その者に真理の伝授を示す儀式となった。日本で初めての灌頂は805（延暦24）年、最澄が高雄山寺で行った。

灌頂の中には、より多くの人が仏と縁を結べるようにと行う結縁（けちえん）灌頂など一般の信者に対して行われるものもあるが、密教の行者である僧のみ、または僧の中でも修行を積んだ者のみに対して行われるものもある。なかでも、指導者たる阿闍梨位を得ようとする者への伝法灌頂は秘儀中の秘儀といえる。

page
五智如来 — 17
最澄 — 184
年中行事 — 116

Keyword no. 020

両部の大経

りょうぶのだいきょう

真言密教の中心をなすふたつの経典——大日経と金剛頂経

7世紀半ば頃にインドで成立した大日経（正式には大毘盧遮那成仏神変加持経・だいびるしゃなじょうぶつじんべんかじきょう）と、7世紀末にインドで成立した金剛頂経（こんごうちょうきょう）を併せて両部の大経という。

両部とは、曼荼羅にも表される胎蔵界と金剛界というふたつの世界（両界）のことを表しており、胎蔵界を代表する経典が大日経であり、金剛界を代表する経典が金剛頂経である。

大日経では大日如来の真理について説いているのに対し、金剛頂経では、大日如来の真理を体得する方法、つまり悟りの境地に達して即身成仏を目指す方法について説いている。

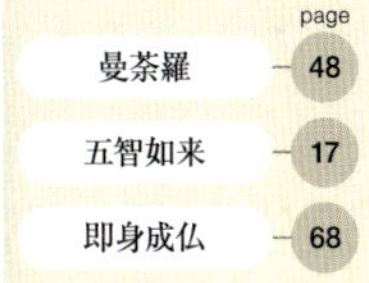

page
曼荼羅 48
五智如来 17
即身成仏 68

Keyword no. 021

理趣経

りしゅきょう

男女の性愛をも肯定する真言密教の常用経典

理趣とはものの道理のことであり、仏教では仏の智慧に至るための道を意味する。その道について説く理趣経の根本にあるのは、人間は生まれつき清浄であり、仏たる性質を持っているという自性清浄（じしょうしょうじょう）の考えである。これは即身成仏の教えにもつながる。つまり人間の煩悩も本質的には清浄であるとし、通常は仏教でタブーとされる男女の性愛すらも肯定する。これは欲におぼれてよいという意味ではない。欲を受け入れたうえで修行に励み、煩悩を聖なる力に変えて悟りの境地を目指すべきと説いているのだが、誤解されやすいことから、理趣経は長らく秘経とされていた。

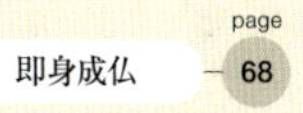

Keyword no. 022

阿字観

あじかん

万物の根源と一体となることを目指す密教の瞑想

阿字はサンスクリット語の第1字母で、万物の根源であり、万物は不生不滅であるという真理を表す。その阿字を前に行う観法（瞑想）を阿字観という。阿字観で目指すのは三密行同様、仏と一体になって悟りを開く即身成仏である。

阿字観を行う際はまず、阿字の周囲に描かれた円を見つめ、心に満月を思い描く月輪観（がちりんかん）から始める。満月が宇宙のように広がっていると感じるまで瞑想が深まったら阿字観を行う。呼吸に合わせて阿の音を唱え、阿字を見つめながら心に思い描く。思い描いた阿字が無限に広がり、自身と一体であると感じられたとき、悟りの境地に達することができる。

page
梵字 37
三密 68
即身成仏 68

Keyword no. 023

瑜伽

ゆが

瞑想によって精神を統一し、仏と一体となる状態

サンスクリット語のヨーガの音写で、密教では呼吸法などを通して精神を統一し、瞑想することによって、行者の身・口（く）・意の働き（三業）が仏のそれ（三密）と一体となる状態を表す。瑜伽を実践することを瑜伽行という。

真言密教の中心をなす両部の大経のうち、金剛頂経は大日如来の真理を体得する方法、つまり悟りの境地に達するための実践法を説いている。その方法は、5段階の瑜伽を実践することで大日如来の真理を体得しようという五相成身観（ごそうじょうじんかん）が主となっている。

宗教の枠を超えて健康法としても世界的に親しまれているヨーガのルーツも瑜伽と同じである。

page
三密 68
両部の大経 69
五智如来 17

KOYASAN
Insight
Guide
Chapter

2

第二章 Koyasan

高野山

「一度参詣高野山　無始罪障道中滅」
一度高野山に参詣すれば、その道中で
生前からの罪はすべて消滅する——
この言葉が示すように、
高野山は1200年の時を超え、
今なお聖地であり続けている。

空海がたどり着いた真言密教の理想郷

八葉蓮華の峰々に抱かれる高野山。真言密教の修禅道場は下界の喧騒から隔絶し、清浄なる気に満ちている。

須弥山

Keyword no. 024

しゅみせん

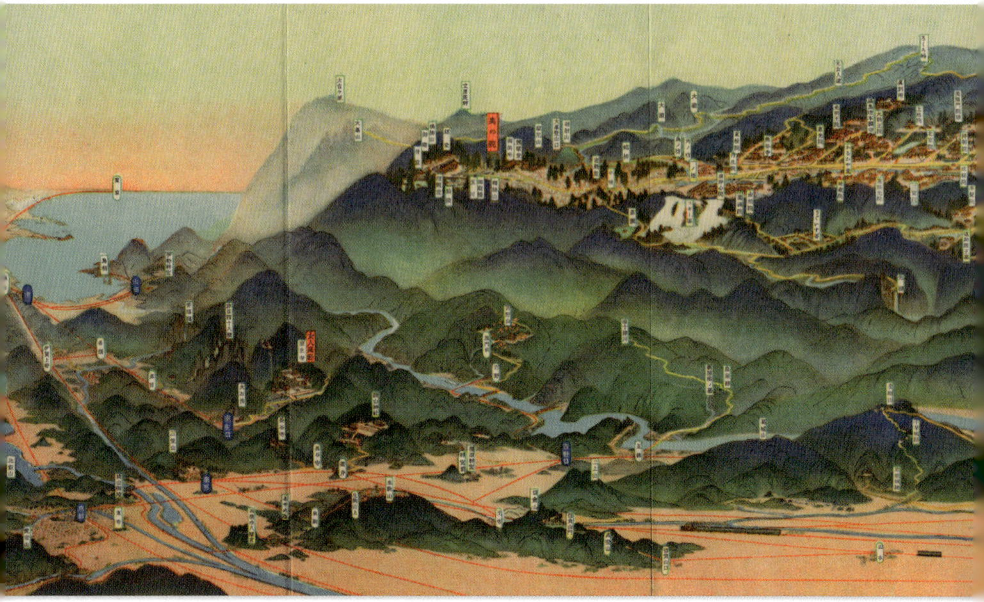

仏教において、世界の中心を意味する想像上の山

和歌山県東北部に位置する高野山は、東西5.5キロメートル、南北2.2キロメートルに広がる盆地。周囲には転軸山（じくさん）、楊柳山（ようりゅうさん）、弁天岳（べんてんだけ）など八つの峰々がそびえている。

空海が修行の場を求め、山谷を歩いていると高野山に至った。目の前に広がる景色を見たとき、空海は高野山の姿が仏教の世界観を表す須弥山（しゅみせん）と似ていることに気づく。須弥山とは古代インドで世界の中心にそびえると考えられていた山、スメール山のことで、この世界観が仏教にも共有されていた。平地が峰々に囲まれた姿は、須弥山が鉄でできた山"鉄囲山（てっちせん）"に取り囲まれている風景と同じであり、この地こそ、探し求めていた場所だと空海は考えた。また、八つの峰々を蓮華の花弁と見立てれば、その景色は浄土の象徴とされる蓮華の台（うてな）であり、胎蔵界曼荼羅の中心に描かれた中台八葉院（ちゅうだいはちよういん）そのもの。高野山は曼荼羅の世界を体現した聖地であった。

高野山は霊場にふさわしく自然の

page
修行の場 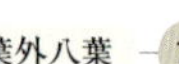 231 内八葉外八葉  75 密厳浄土と極楽浄土  74 曼荼羅 48

須弥山の世界観を表した『須弥山儀図』部分

風輪、水輪、金輪、地輪の層の中心に須弥山がそびえる。鉄でできた鉄囲山、さらに海と山が囲む。須弥山の頂上は帝釈天の地。四天王や諸天も別の階層に住んでいる。(国立歴史民俗博物館蔵)

1934(昭和9)年に描かれた『高野聖山鳥瞰図』

実は高野山という名の山はない。この絵が示すように高野山は峰々に囲まれた盆地である。ここには寺院も民家も商店もある。聖俗が混じり合っていることも大きな特徴であり、真言密教の教理を体現しているといえる。(吉田初三郎画、高野山仏具名産品商業組合製作)

高野山の招きに応じるかのように
この地にたどり着いた空海は
此処こそが探していた場所と確信する。
1200年に及ぶ高野山の歴史は
このときから始まった。

恩寵をひとところに集めたような土地である。秋から冬にかけては、朝方に木々の葉から水蒸気が立ち上って白い霧となり、真冬となれば盆地の放射冷却によって氷点下となるが、空には晴天が広がる。豊富な水源、強固な地盤、清浄な空気に恵まれているともいわれ、これらは僧たちに厳しい修行に耐える力をもたらした。

『性霊集』に収められている『高野四至敬白文』には空海の高野山への思いが次のように記されている。「この山の形勢をいうと、東西はあたかも龍が臥しているようで、東流する川があり、南北はあたかも虎のうずくまるがごとき状であって、居住するに興趣がある」。そして816(弘仁7)年、空海はこの地に修禅の道場を開くことを嵯峨天皇に願い出て、ついに勅許を賜ったのだ。　空海が高野山にたどり着いてから1200年――私たちも山内に一歩足を踏み入れれば、空海がこの地を選んだ理由を、五感を通して知ることができるだろう。

山の四季 ―232　『性霊集』―190　高野七弁天 ―156　嵯峨天皇 ―186

025 密厳浄土と極楽浄土

みつごんじょうどとごくらくじょうど

仏の精神に満ちた清浄な世界

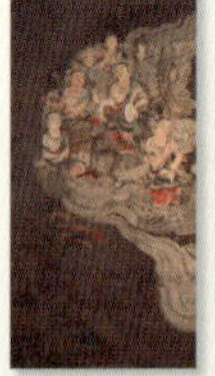

密厳浄土とは、大日如来とともにある清浄な世界のこと。他の仏教諸派が死後、極楽浄土に行くことを目指したのに対し、真言密教は、私たちが生きる現世こそが本来の密厳浄土であると説き、その実現を理想に掲げた。

あみだしょうじゅうらいごうず
『阿弥陀聖衆来迎図』国宝

阿弥陀如来を中心に楽器を奏でる諸聖衆が往生者を迎えに行く様子。卓越した構成と描写で観る者を圧倒する来迎図の傑作である。(有志八幡講蔵)

Keyword no. 026

内八葉外八葉

うちはちようそとはちよう

浄土を象徴する蓮の花に見立てた高野山の地形

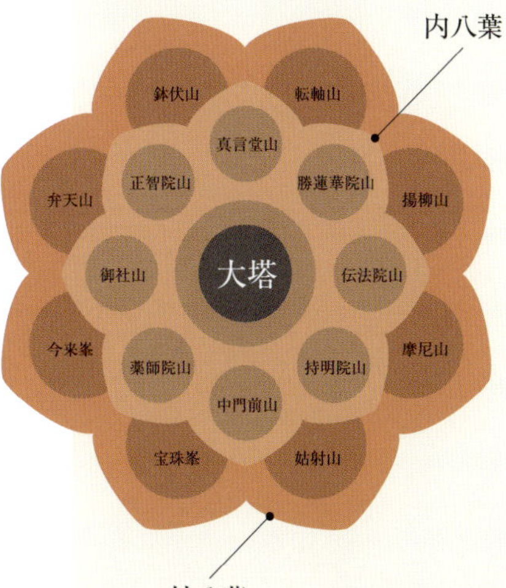

高野山における内八葉・外八葉の一例

時代や資料によって、これに相当する峰の名称も変化しているため、一例を示した。

高野山一帯には、中央の盆地を囲むように多くの峰が存在する。峰のひとつひとつを蓮華の花びらに見立てれば、高野山は浄土の象徴である蓮華の台(うてな)の姿そのもの。内輪山、外輪山に、8枚ずつ花弁があることから、内八葉外八葉と呼ばれている。この見立ては、平安時代の終わりから鎌倉時代にかけて成立したと考えられている。

Keyword no. 027

弘法大師の道

こうぼうだいしのみち

平成の世に蘇る、空海の歩いた道

『性霊集(しょうりょうしゅう)』には、「空海は少年の日、吉野山より南に一日、西に二日行きて平原の幽地を見つける。名付けて高野という」とある。両山はともにユネスコの世界遺産に登録された聖地。空海が歩いたふたつの山を結ぶルートが、和歌山県、奈良県、金剛峯寺、金峯山寺(きんぷせんじ)、考古学の研究機関による調査で選定された。2014(平成26)年5月には僧ら約40名がこの道を踏破する開闢(かいびゃく)修行も実施。同年6月には一般参加者が山道を走るイベントも開かれ、新たな巡礼道として認知されつつある。

高低差約1000メートルの峻険な山道

大学の勉強に違和感を覚えた空海は、山林修行に入った。高野山へのルートは急斜面も多く峻険だ。

明神さま

Keyword no. 028

みょうじんさま

密教の聖地・高野山へ空海を導いた二柱の明神

Chapter 2 Koyasan Keyword no.

028

Myojinsama

鎌倉時代に描かれた『丹生明神像』重文

丹生明神は、天照大御神(あまてらすおおみかみ)の妹・丹生都比売大神(にうつひめのおおかみ)。高野山麓の天野の守護神。(金剛峯寺蔵)

丹生明神

にうみょうじん

高野山で“明神さん”と呼ばれて親しまれる丹生(にう)明神と高野明神の二神。空海は、聖地に伽藍を築くにあたり、この地を永く鎮護し、自身をそこへ導いた神々への感謝と仏法守護の祈りを込めて御社(みやしろ)を創建した。

鎌倉時代に描かれた『狩場明神像』重文

高野明神は丹生都比売大神の御子である高野御子大神（たかののみこのおおかみ）のことで、狩場（かりば）明神とも呼ばれる。（金剛峯寺蔵）

親王院本『高野大師行状図画』より「高野尋入」

弘法大師・空海の生涯を絵画と詞書で表した絵巻は13世紀半ばに成立したとされる。親王院本はその伝本のうちのひとつ。（親王院蔵）

高野山開創伝説に登場する地主の神々

朱色の根本大塔が威容を誇る壇上伽藍の西側に、いっそう静寂な領域がある。参道を進み、一対の狛犬の間を抜けて朱の鳥居をくぐると、正面に山王院と呼ばれる拝殿が現れる。その背後にあるのが高野山の氏神を祀る御社だ。高野山上に伽藍（金剛峯寺）を建立するにあたって、空海はまず、鎮守としてこの御社を建立したといわれる。

御社は高野山開創から3年後の819（弘仁10）年、山麓の丹生都比売神社より勧請されたと伝えられ、伽藍諸堂の中でも最古の創建とされている。3棟の社殿から構成される本殿は、向かって右から一宮、二宮、総社と呼ばれ、それぞれ丹生明神、高野明神、十二王子百二十伴神が祀られている。

空海が伽藍の建立と修行の地を求めてさまよっていた際、大和国（現在の奈良県）宇智郡で狩人らしき男（狩場明神の化身）に呼びとめられた。「密教を広めるためにふさわしい場所を念じて、唐から投げた三鈷杵を探している」と空海が話したところ、狩人は「その場所なら知っている。お教えしよう」と連れていた2匹の犬を放った。犬たちに導かれ高野山にたどり着くと、このあたりを守る地主の神・丹生都比売大神からご宣託があった。「私はこの山の王である。この山のすべてをあなたに差し上げましょう」と。仏法だけでなく日本古来の神々をも大切にした、空海ならではの伝説である。こうした開創伝説は『金剛峯寺建立修行縁起』や『今昔物語集』にも描かれ、広く一般に知られることとなった。

高野山一帯にはこの御社をはじめ、丹生都比売神社や丹生官省符神社など明神さまを祀った神社がある。

壇上伽藍の西に鎮座する御社

現在ある3棟の社殿は1522（大永2）年頃の再建であり、国の重文に指定されている。

御社の拝殿 山王院

御社手前の山王院では高野山の氏神である高野明神への奉納として、さまざまな儀礼を行う。

page
壇上伽藍  82
根本大塔  86
金剛峯寺  106 

問答講本尊
『弘法大師・丹生・高野明神像』重文

中央に空海、右下に丹生明神、左下に高野明神が、上部には奥之院、下部には丹生都比売神社が描写されている。丹生都比売神社の問答講本尊であった。鎌倉時代の作品。(金剛峯寺蔵)

丹生都比売神社／丹生官省符神社 — 80　金剛杵 — 63　空海の伝説 — 164

029　丹生都比売神社 丹生官省符神社

にうつひめじんじゃ／にうかんしょうぶじんじゃ

高野山を開創して間もなく空海が取りかかったのは、二柱の神への深い感謝を形に表すことであった。二柱の神とは、犬を放ち空海を高野山へと導いた狩場明神（高野御子大神、高野明神ともいう）と、地主の神であり、空海に土地を授けた丹生明神（丹生都比売大神ともいう）である。

丹生明神は、神代の時代に紀ノ川流域に降臨し、農耕を広め、高野山山麓の天野の地に鎮座されたという。その子・狩場明神とともにおよそ1700年前に創建されたという丹生都比売神社に祀られている。

山上へと続く道（のちの町石道）の起点に、空海が高野山造営の庶務政務を司る政所（のちの慈尊院）を開いたのは816（弘仁7）年のことであった。そのとき、神々の助力により高野山開創に至ったことへの報謝として、その参道正面上段に丹生高野明神社（現在の丹生官省符神社）も創建したのである。これ以降、ふたつの神社は、空海の神仏融合の精神を表す社として人々の信仰を集め続けている。

異教であってもたがいを尊重し、融和する──ふたつの神社は、空海の大らかな宗教観の表れであった。紀伊山地一帯がユネスコの世界遺産に登録されたのは、「神と仏が共存する、神道と仏教の類まれなる融合」が評価を得たゆえである。

丹生都比売神社に祀られている四柱の明神

『四所明神像（ししょみょうじんぞう）』。上段右より丹生明神、狩場明神、下段右より気比（けひ）明神、厳島明神。（東京国立博物館蔵 Image: TNM Image Archives）

空海が深い感謝を示した、ふたつの神社

空海が仏教のみを尊ぶのではなく
古来の神々を敬ったことを今に伝えるふたつの社（やしろ）。
神仏融合の精神は日本人の宗教観に
大きな影響を与えた。

江戸時代に描かれた丹生都比売神社

1793（寛政5）年に描かれた『天野社絵図』。天野社とは丹生都比売神社のこと。神社でありながら、宝塔、護摩堂などがあった。（金剛峯寺蔵）

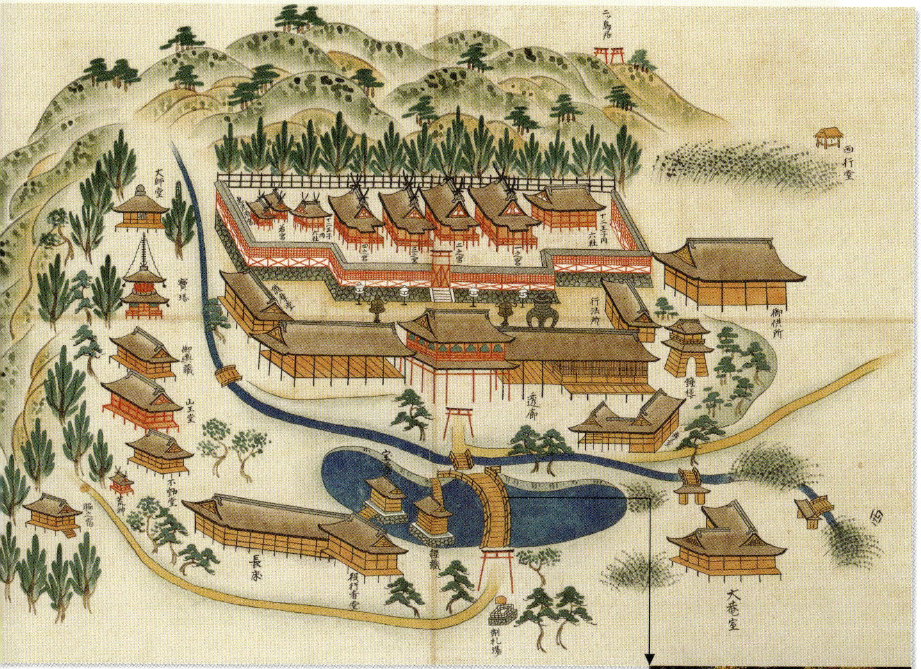

丹生都比売神社

にうつひめじんじゃ

慈悲深い丹生都比売大神（にうつひめのおおかみ）が主祭神

主祭神である丹生都比売は、災いを払い除け、あらゆるものを守り育てる女神であり、不老長寿、農業、養蚕の守り神でもある。丹とは辰砂（しんしゃ）のことで、赤色の顔料や水銀の原料となる鉱物。その鉱脈がある場所は丹生と呼ばれ、神社があった。全国に丹生の名を冠した神社は180社余りあり、ここはその総本社である。現在の本殿は室町時代のもので、楼門とともに国指定の重文。

Data
- 和歌山県伊都郡かつらぎ町上天野230
- 0736-26-0102
- 参拝自由
- 地図／P134-A1

丹生官省符神社

にうかんしょうぶじんじゃ

官省符荘という荘園の総社として栄えた神社

官省符荘とは、太政官と民部省から認可された荘園のこと。国の干渉を受けず、納税の義務もないなどの特権がある。空海による創建時は丹生明神と狩場明神の二神が祀られていたが、その後、気比、厳島二神を合わせ祀って四神とし、さらに天照、八幡、春日の三神が祀られ七社明神となった。本殿のうち3棟は、室町時代の再建ながら往時の姿をとどめており、国指定の重文である。

Data
- 和歌山県伊都郡九度山町慈尊院835
- 0736-54-2754
- 参拝自由
- 地図／P134-A1

壇上伽藍

Keyword no. 030

だんじょうがらん

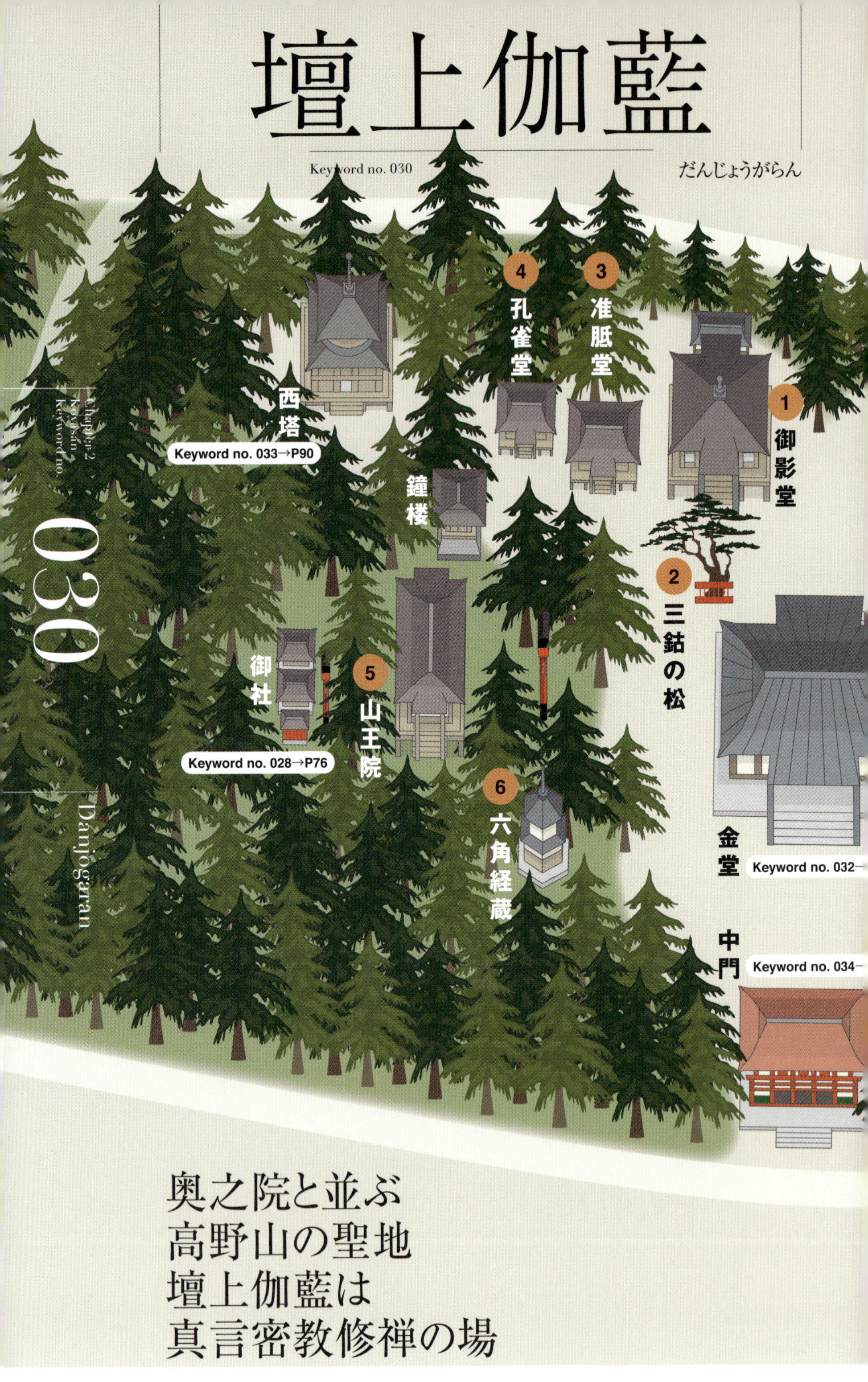

奥之院と並ぶ
高野山の聖地
壇上伽藍は
真言密教修禅の場

高野山で密教教義を具現化するため、
空海は山上に曼荼羅の世界をつくり上げた。
高野山の中心的役割を担う堂塔群は
密教独特の寺院配置により、
壇上伽藍と呼ばれるようになった。

高野山の中心に
建ち並ぶ
密教大伽藍

壇上伽藍の広さは約5万5000平方メートルにも及ぶ。19棟の堂塔で構成され、境内全域が国史跡に指定されている。

『紀伊國名所圖會』
に見る
壇上伽藍の総図

『紀伊國名所圖會』は、江戸時代後期の紀伊国全体に関する地誌。当時を知る貴重な資料である。（国立国会図書館蔵）

山上に出現した立体曼荼羅

高野山の中核をなす堂塔が集まる

山上盆地の中央に広がる壇上伽藍には、多くの堂塔が集まっている。

高野山における壇上とは、大日如来が鎮座する壇、もしくは道場を意味する。伽藍とは、仏塔を中心とした僧房などを配置した場所のことである。

空海は、仏像や仏画、建築物といった目に見えるものを通して、密教の教義を表現することを目指した。そのひとつが真言密教の修禅の道場である高野山に立体曼荼羅を出現させることであった。大日如来を中心とした立体曼荼羅を擁する根本大塔と西塔というふたつの塔を両界曼荼羅に見立てて諸堂を配置した壇上伽藍、そしてこれを取り囲む八葉蓮華の峰々——壇上伽藍はまさに、大日如来の密厳浄土の中核を表しているといえるだろう。

高野山開創の歴史は、空海が816(弘仁7)年、朝廷に高野山の下賜を上表して、嵯峨天皇より許可を賜ったことに始まる。空海はまず現在の壇上伽藍の地に丹生(にう)明神を勧請し御社(みやしろ)を建てることから開山に着手。一応の完成に至ったのは、それから80年から90年も後のことだといわれている。堂塔はたびたび罹(り)災し、現存する建造物は、江戸時代から昭和にかけて再建されたものである。

壇上伽藍の堂塔群

1 御影堂
みえどう

弘法大師・空海の御影を祀る信仰上重要な建物

創建時は空海の持仏堂であったと伝わる。内陣には弟子・真如(しんにょ)の手になる大師御影が、外陣には空海の十大弟子像が掲げられている。年に1度、旧正御影供の御逮夜(おたいや)法会の後にのみ、外陣の一般参拝が許されている。

2 三鈷の松
さんこのまつ

空海が唐より投げた三鈷杵(さんこしょ)が掛かった松

唐より帰国の際、真言密教の修禅の場にふさわしい場所を占うため、空海が明州の浜から日本へ向かって投げた三鈷杵が掛かっていたと伝えられている。この木の松葉は三つに分かれており、落ち葉を拾って、お守りにする参詣者も多い。

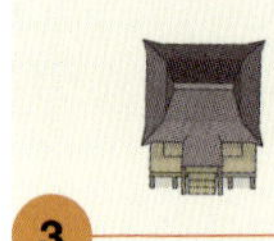

3 准胝堂
じゅんていどう

空海造立の准胝(じゅんてい)観音を祀るお堂

973(天禄4)年以前に創建された。本尊は准胝観音。得度の儀式を行う際の本尊として、空海自ら造立したと伝わる。如意輪観音、弥勒菩薩、愛染明王2体も祀られている。毎年7月1日には日々の罪過を懺悔する准胝堂陀羅尼の法会がある。

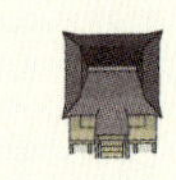

4 孔雀堂
くじゃくどう

祈雨(きう)の本尊孔雀明王を祀る建物

後鳥羽法王の御願(ごがん)を受けた延杲(えんごう)僧正が、祈雨の修法(しゅほう)を成就させた功績により1200(正治2)年に建立。本尊は、祈雨や攘災のために修する孔雀明王で、快慶作。5度の火災をくぐり抜け、高野山霊宝館に収められている。

page
奥之院 — 94　曼荼羅 — 48　五智如来 — 17　根本大塔 — 86　西塔 — 90　内八葉外八葉 — 75

5

山王院

さんのういん

学問を奉納する御社(みやしろ)の拝殿

山王は山の神の意。御社の拝殿として1171（承安1）年以前に建立され、現在の堂は1594（文禄3）年に再建されたもの。竪精（りっせい）論議や御最勝講（みさいしょうこう）といった問答がくり広げられるなど、僧が修行の成果や学問を奉納する。

6

六角経蔵

（荒川経蔵）

ろっかくきょうぞう（あらかわきょうぞう）

あらゆるお経を収める蔵

鳥羽法皇の皇后・美福門院（びふくもんいん）が法皇の菩提を弔うため1159（平治1）年に建立。1934（昭和9）年再建。金泥（こんでい）で浄写した経1000巻を収める。建物外側の把手（とって）を1回転させると一切経を1回読経したことになる。

7

不動堂

ふどうどう

平安期住宅建築を仏堂建築に応用した国宝

鳥羽法皇の皇女・八条院（はちじょういん）の発願（ほつがん）によって行勝（ぎょうしょう）が1198（建久9）年に一心谷に建立。14世紀初頭に再建された御堂の四隅はすべて形が異なる。1908（明治41）年に現在の場所に移築された。国宝。

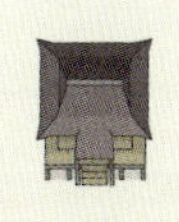

8

愛染堂

あいぜんどう

後醍醐天皇と等身の愛染明王を祀る

後醍醐天皇の命により、天皇の健勝と天下泰平を祈るために1334（建武1）年に建立された。本尊は、人間を悩ませる愛欲や煩悩を向上心に変え仏の道へと導く愛染明王で、後醍醐天皇と同じ身の丈といわれる。1848（嘉永1）年再建。

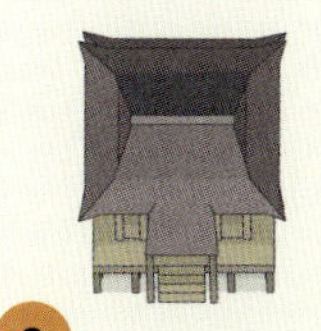

9

大会堂

だいえどう

法会を執行する際の集会所

1175（安元1）年、皇女・五辻斎院（いつつじのさいいん）が、父・鳥羽法皇の追福のため建立。本尊は阿弥陀如来。西行の勧めで伽藍に移築した。壇上で大法会がある際の集会場所となったため、この名がつけられた。1848（嘉永1）年再建。

10

三昧堂

さんまいどう

理趣経の修法(しゅほう)を名前に冠した建物

第6世座主・済高（さいこう）により929（延長7）年に建立。済高が御堂で理趣三昧の儀式を行っていたため、三昧堂と呼ばれる。1177（治承1）年に西行が壇上に移築。堂前にはそのとき西行が植えた西行桜がある。1816（文化13）年再建。

11

東塔

とうとう

白河上皇と等身の尊勝仏頂尊(そんしょうぶっちょうそん)を祀る多宝塔

白河上皇の御願を受けた醍醐寺の勝覚（しょうかく）が1127（大治2）年に創建。本尊は上皇の等身大の尊勝仏頂尊。1843（天保14）年に焼失し、基石のみだったが1984（昭和59）年、弘法大師御入定千百五十年御遠忌（ごおんき）を記念して再建。

12

智泉廟

ちせんびょう

十大弟子のひとり智泉の墓

東塔の東にひっそり建つのは、空海の甥であり門下一の秀才といわれた智泉の廟。空海に随従し入唐を許されるなど前途を期待されていたが、37歳で入寂。このとき空海はたいへん嘆き悲しみつつも、「天命なり」とこの廟を築いたという。

密厳浄土と極楽浄土 — 74　嵯峨天皇 — 186　明神さま — 76　丹生都比売神社／丹生官省符神社 — 80

Keyword no.

031 根本大塔

こんぽんだいとう

壇上伽藍の
中心をなす
象徴的な建造物

真言密教を世に広めるため、
空海が修禅の基盤として建立した
日本初の多宝塔。
堂内では金胎不二の思想を
視覚化した仏像群を見ることができる。

Chapter 2
Koyasan
Keyword no.

031

Kompondaito

眼前に現れる立体曼荼羅

本尊の『胎蔵大日如来像』を囲むように金剛界の四仏が安置され、柱には十六菩薩、壁には八祖像が描かれている。

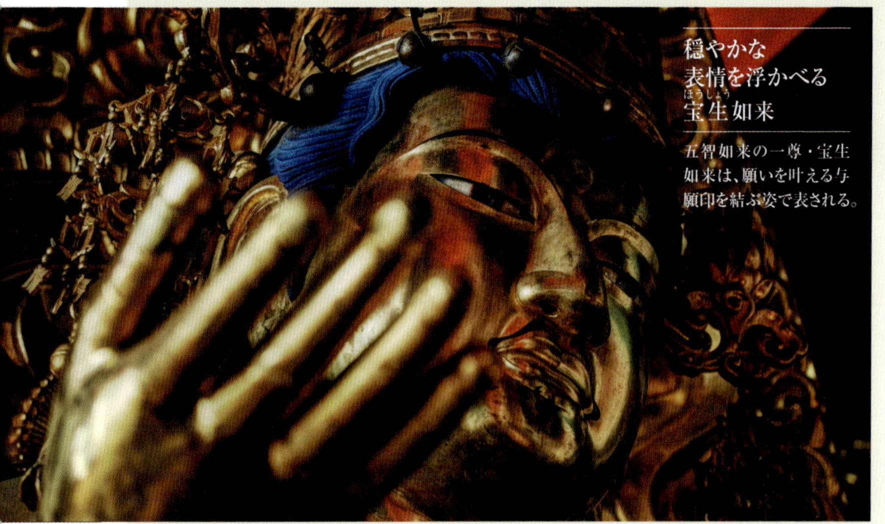

穏やかな
表情を浮かべる
宝生如来

五智如来の一尊・宝生如来は、願いを叶える与願印を結ぶ姿で表される。

根本大塔が表す
大日如来の絶対の真理

壇上伽藍に堂々とそびえる根本大塔の高さは約48.5メートル。多宝塔としては日本最初のものであり、空海が唐から日本へ伝えたといわれる。この大塔は、真言密教の根本道場におけるシンボルとして建立されたため、根本大塔と呼ばれている。空海が構想した壇上伽藍の中でも、根本大塔はその中心であり、真言密教の最も大切な理念を表す。完成したのは空海の直弟子である真然の代になってから。記録に残るだけでも、落雷や火災で5回焼失している。そのたびに、平清盛、豊臣秀吉、徳川家光など、時の権力者が復興に力を貸してきた。現在の大塔は、1937（昭和12）年に耐火性を考慮して再建された鉄筋コンクリート造である。

柱に描かれた
金剛利菩薩

塔内の十六菩薩はすべて、大正から昭和にかけて活躍した日本画家・堂本印象の筆によるもの。

塔内へ入ると、まずそのきらびやかな色彩の立体曼荼羅に目を奪われる。中央に輝くのは胎蔵界の大日如来。その四方には金剛界の四仏（東に阿閦如来、南に宝生如来、西に阿弥陀如来、北に不空成就如来）を据え、さらに周囲を同じく金剛界の十六菩薩を描いた柱で囲んでいる。これは、金剛界と胎蔵界は根本的にひとつであるという、空海の金胎不二の思想を表したものだ。

大日如来像の穏やかな眼差しは、参拝者の心を静かに包み込む。

Data

根本大塔　こんぽんだいとう

日本において多宝塔様式を用いたのは、根本大塔が最初といわれている。初重平面が方形、二重平面が円形の2層塔となっている。

- 和歌山県伊都郡高野町高野山152
- 0736-56-2011（金剛峯寺）
- 8:30〜17:00　● 無休
- 拝観料200円
- 地図／P244-B4

Keyword no.

032 金堂

こんどう

重要な法会が行われる高野山の総本堂

須弥壇の奥にある絶対秘仏

須弥壇が築かれた内陣。本尊である『薬師如来像』は絶対秘仏として、今まで一度も公開されたことがない。

金堂は桁行30メートル、梁行23.8メートル、高さ23.73メートルの巨大な建物に、本尊と両界曼荼羅に向かって修法する三つの大壇を擁する密教の大堂である。修正会や不断経といった主要な年中行事の多くがここで執り行われている。

高野山一山の総本堂として平安時代から重要な役割を担い続けてきた金堂は、空海の在世中であった819(弘仁10)年に創建され、当初は講堂と呼ばれていた。838(承和5)年には嵯峨天皇御願の御堂となり、本尊の薬師如来像や脇侍が祀られたと伝えられている。

金堂はたびたび焼失し、開創以来奉安されていた本尊は1926(昭和1)年の火災で灰燼に帰す。現在の本尊は高村光雲による薬師如来像(阿閦如来像)。不動明王、普賢延命菩薩などの脇侍については写真をもとに忠実に再現されている。内壁には、岡倉天心らとともに新たな日本画を創造した木村武山の筆により『八供養菩薩像』、『釈迦成道鷲覚開示の図』が描かれている。

内陣を囲むように掲げられた『両界曼荼羅』(複製)は、平清盛が寄進したもの。落雷による大火で焼失した根本大塔を再建する建立奉行を務めた清盛が、1156(保元1)年の大塔落慶法要時に金堂用に奉納したという。『平家物語』によれば、清盛が胎蔵界曼荼羅の大日如来の宝冠に自らの額の血を使って彩色させたとあることから「血曼荼羅」とも呼ばれる。高野山と時の権力者とのつながりの深さをうかがわせる、貴重な仏教美術品として知られており、その実物は、高野山霊宝館で見ることができる。

Data

金堂 こんどう

1932(昭和7)年に7度目の再建を果たした金堂。正月三が日の修正会、5月と10月の結縁灌頂など、重要な行事が執り行われる。

- 和歌山県伊都郡高野町高野山152
- 0736-56-2011(金剛峯寺)
- 8:30〜17:00 ● 無休
- 拝観料200円
- 地図/P244-B4

Keyword no.

033 西塔

さいとう

根本大塔とともに
空海が構想した
もうひとつの多宝塔

時の経つのを
忘れるほどの
穏やかな眼差し

本尊の『金剛大日如来像』（重文）は、きらびやかな宝冠を頂く。その表情は、包み込むような慈悲に満ちている。

空海の書き残した伽藍計画案『御図記(こずき)』に基づき、
高野山第2世の真然(しんぜん)が建立した。
その完成によって、
根本大塔と対をなす
両界曼荼羅の具現化がついに実現された。

Chapter 2 Koyasan Keyword no. 033

Saito

柱や梁に描き込まれた精緻な意匠

白木造りの端整な外観から一歩入ると、塔の内部には極彩色の世界が広がっている。内部は通常非公開。

根本大塔と
対をなす
立体曼荼羅

金剛界の大日如来を胎蔵界の四仏が囲み、金胎不二の思想を表す。本尊の実物は高野山霊宝館にて拝観できる。

静寂の中にたたずむ白木造りの趣深い塔

空海が根本大塔とともに2基1対で構想していたが、経済的理由などから同時期の着工とはならず、887(仁和3)年の建立となった。高さ27.27メートルと壇上伽藍の中で大塔に次いで大きい建造物だが、朱塗りの大塔に対し、西塔は白木のままの落ち着いたたたずまいである。

西塔の本尊である金剛大日如来像は高野山に現存する最古の仏像であり、日本最古の大日如来像でもあって、西塔建立時のものと考えられている。西塔も高野山の多くの堂塔同様たびたび罹災しているが、大日如来像はそのたびに奇跡的に救い出されてきた。

この大日如来像は、ほぼ一本の檜から彫り出されているのが特徴だ。木芯から一番離れた膝頭部までの年輪は400もあり、目の詰まったしっかりした木材を用いたことが分かっている。ふっくらとした体軀、太く高い髻、切れ長の大きな目とめくれた唇など、異国的な美しさが漂い、右足を上に組んだ結跏趺坐から初期密教仏像らしい魅力がよく表れている。

この金剛界の大日如来を囲むのは、胎蔵界の四仏である。根本大塔と同じく西塔においても、胎蔵界と金剛界を分かちがたいものとしてとらえる空海の思想を見ることができる。

深い緑の
その奥に建つ西塔

887(仁和3)年(886年とも)に真然が建立。たびたび消失し、現在の塔は1834(天保5)年に再建された5代目だ。

Data

西塔
さいとう

- 和歌山県伊都郡高野町高野山152
- 0736-56-2011(金剛峯寺)
- 内部は通常非公開
- 地図/P244-A4

2015年に
完成する
8代目中門

鮮やかな朱色の中門は、鎌倉時代の楼門形式を再現。東西25メートル、南北15メートル、高さ16メートルの総檜造りだ。

Keyword no.

034　中門（ちゅうもん）

開創1200年にあたり、かつての姿をふたたび現した楼門

高野山開創1200年を機に172年ぶりに中門が再建される。浄域である伽藍の結界として重要な中門は、空海が考えた伽藍配置にも存在していた。

中門の創建は819（弘仁10）年。壇上伽藍の多くの建築物同様、罹災や老朽化により再建がくり返され、1843（天保14）年の焼失を境に長く礎石のみを残す時代が続いた。

8代目の中門は、高野山で育った高野霊木を使用した木造建築で棟高は16メートル。五つの柱間のうち三つが出入り口となる五間三戸楼門である。ここには先の火災で焼失を免れた持国天像、多聞天像に加え、このたび新造した増長天像と広目天像も安置される。楼門には二天の像を祀ることが多いなか、四天王がそろうのは珍しいことだという。四天王は仏法の守護神である。持国天像と多聞天像は中門の正面に、その背面に増長天像と広目天像が安置される。

再建においては、日本建築の伝統的な工法を踏襲した。たとえば、中門を支える18本の支柱は釘を用いずに自立している。その柱から軒まわり、あるいは切妻造りの屋根まで組み上げれられている精緻な組物も必見だ。一分の隙もないその正確さに、職人の技が生かされている。

Data

中門（ちゅうもん）

- 和歌山県伊都郡高野町高野山152
- 0736-56-2011（金剛峯寺）
- 見学自由　● 地図／P244-B4

奥之院

Keyword no. 035

おくのいん

弘法大師・空海の御廟と、その参道が続く聖域

Chapter 2 Koyasan Keyword no.

035

Okunoin

三つの橋を渡って聖域へ進む

一の橋では、僧だけでなく一般の参詣者も一礼する慣わしだ。中の橋を渡るとあの世、御廟橋の先は聖域となる。

壇上伽藍と並ぶ高野山の聖域、奥之院。
老杉と供養塔に囲まれた風景は
昔も今も変わらない。
「お大師さまの御心に触れたい」——
その思いを胸に今日も多くの人が訪れる。

**参道にて
すれ違った
僧の清々しい姿**

自然の中で、人間は小さく見える。しかし、すれ違う僧たちの清々しい姿に触れたとき、同時に人間の奥深さを実感する。

一歩進むごとに、私たちは聖なるものへと向かう

壇上伽藍とともに高野山の2大聖地である奥之院は、弘法大師・空海の御廟と、その参道の入口である一の橋から東へ広がる一帯を指す。御廟へ向かう約2キロメートルの道のりを進むことは、聖地への歩みにほかならず、参詣者は何かに導かれるように奥之院の参道を歩いていく。

奥之院において何より目を奪うのは、息をのむような規模の供養塔と墓石群、そして天高くそびえる老杉（ろうさん）だ。これらの石塔には歴史を動かした武将の供養塔や、ひっそりと生涯を終えた無名の者の墓もある。豪奢なもの、簡素なもの、聖と俗のすべてを包み込むように、奥之院では静かに時間が流れていく。

墓石や碑を見ながら、いよいよ御廟橋前に至る。人々は玉川のほとりに立つ仏像に水を手向けて供養している。水向地蔵（みずむけじぞう）である。玉川は水行場（すいぎょうば）でもあり、僧や白装束の信者らが冷水に浸かって経を唱える光景も見られる。

御廟橋を渡れば、そこは大師信仰の中心地であり、張りつめた空気が支配する聖域の中の聖域である。石段を上ると、目の前にある燈籠堂から幽玄な明かりが漏れ出している。堂内に入り、中央の御簾越しにかすかに見えるのが御廟である。人々は遍路を終えてようやくたどり着いた安堵とともに、しばらくの間ここにたたずみ、祈りを捧げている。燈籠堂の奥の御廟にて参拝を無事に終えた参詣者の顔はみな清々しい。

弘法大師に思いを馳せ線香を手向ける

御廟の前に備えられた線香。参拝者が弘法大師との縁に感謝し、思いを込めて手向ける線香の煙は絶えることがない。

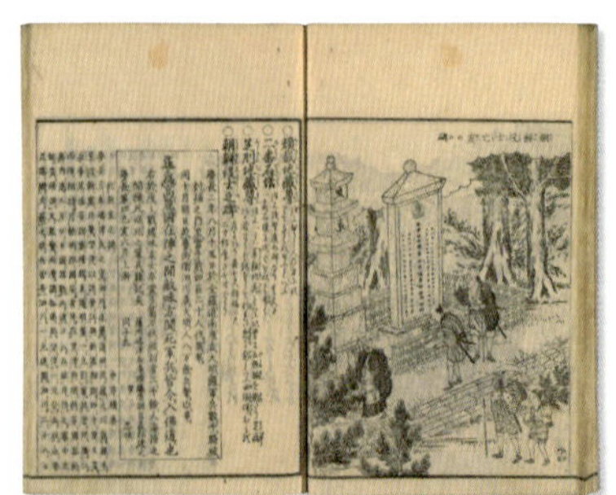

『紀伊國名所圖會』に描かれた江戸時代の参詣の様子

豊臣秀吉の朝鮮侵略戦争における「高麗陣敵味方戦死者供養碑」を描いたページ。子どもの姿もあり、幅広い参拝者が訪れていたことが分かる。（国立国会図書館蔵）

page
御廟 98  参道 102  壇上伽藍 82 入定 192

奥之院で感じる
静かな生

老杉の合間から射しかかる木漏れ日。時が止まったような奥之院では、深い緑の苔のみが静かな生を伝える。

燈籠堂 —100　四国八十八ヶ所 —188

Keyword no.

036 御廟

ごびょう

弘法大師・空海が永遠の瞑想を続ける、入定の地

御廟橋には深い意味が込められている。橋の板石は36枚ある。その裏にはそれぞれ、仏を表す種子（梵字）が刻まれている。さらに橋全体を1枚の板石と数えれば板石は全部で37枚となり、金剛界の37尊を表すといわれる。

御廟橋を渡れば、高野山で最も重要な聖域である。宝形造りの御廟は周りを玉垣で守られ、さらにここが選ばれた場所であることを示すように、天まで届くほど高い千年杉で囲まれている。ここは弘法大師・空海が入定した（禅定に入った）石窟の上に建てられた五輪塔を護持するためにつくられた建物である。

“お大師さまは今もここにおられる”――そう確信する人々が心の安らぎを求めて奥之院を訪れる。56億7千万年後、この世に弥勒菩薩が出現するときまで、衆生救済のために祈り続けようと入定した弘法大師の御廟は、静謐かつ神々しい空気に包まれている。

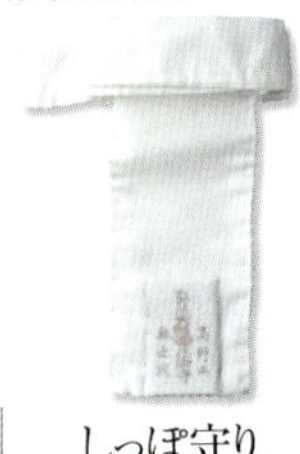

しっぽ守り

開創1200年記念法会を前に、御廟と御廟門屋根の葺き替え作業が行われた。大工などの職人たちは当然屋根に上るため、御廟の弘法大師を見下ろすことになってしまう。そこで彼らはまず得度を受け、白衣（はくえ）などに身を包み、「しっぽ守り」という御守りを身に着ける。弘法大師の頭上で作業をするときには、人ではなく動物に変身するのだ。これも、弘法大師への尊崇の念から生まれた智慧といえる。

御廟を撮影した希少な1枚

戦前に撮影された御廟の写真。現在は撮影禁止となっているため、貴重な1枚である。（写真：和歌山大学紀州経済史文化史研究所提供）

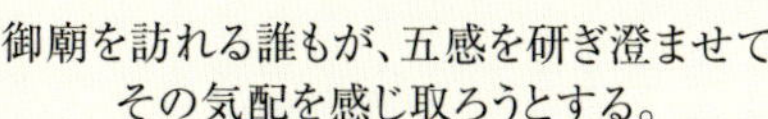

御廟を訪れる誰もが、五感を研ぎ澄ませて
その気配を感じ取ろうとする。
手を合わせることしばし、
参詣者は確信する――
お大師さまは今もここで
祈り続けておられるのだと。

入定後の高野山を弟子に託す

834（承和1）年、空海は弟子に「来年3月頃、私はこの世を去ろうと思う。金剛峯寺は真然に託す」との遺言を述べた。『弘法大師行状図絵』「御遺告」より（金剛峯寺蔵）

Keyword no.

037 燈籠堂

とうろうどう

奉納された燈籠が
時を超えて
輝き続ける御堂

燈籠堂は御廟の拝殿であり、真然(しんぜん)によって建立された。1023(治安3)年には、藤原道長の命により、現在とほぼ同じ規模の燈籠堂になったと考えられている。現在の建物は1964(昭和39)年に建てられた。

燈籠に浮かぶ南無大師遍照金剛の文字

遍照金剛は、唐の恵果阿闍梨より授かった弘法大師の灌頂名であり、大日如来の別名でもある。

堂内は無数の燈籠が輝き、幻想的な雰囲気がただよう。正面では醍醐天皇から賜った「弘法」の諡号(しごう)額が、さらに両側では真然大徳、祈親(きしん)上人と十大弟子、12名の肖像が燈籠の光に包まれている。

燈籠の数は数万基に上るというが、この中に千年近くもの間絶えたことがない"消えずの火"がある。ひとつは、祈親上人のすすめに従い、貧しい女性が養父母の供養のために自らの髪を売って献じた貧女(ひんにょ)の一燈。もうひとつは、弘法大師・空海を篤く信仰していた白河上皇の白河燈。ふたつの光は、入定後も永遠に人々を救う弘法大師を表すものとして、とりわけ大切に受け継がれている。

光に満たされた荘厳な祈りの空間

燈籠堂では年始の修正会、盆の萬燈供養会などの法会も行う。御簾の向こうは御廟である。

燈籠堂には金色の光があふれている。
不死の象徴といわれる"消えずの火"と、
全国から寄進された無数の燈籠。
光は敬虔な祈りとなってお大師さまのもとへ。
ここは幻想的な浄土である。

戦前の
燈籠堂の様子

燈籠堂に光が灯されて千年近くの時が過ぎている。先祖供養や諸願成就といった願いを込めた燈明信仰の場としても長い歴史がある。(写真:和歌山大学紀州経済史文化史研究所提供)

Data

燈籠堂
とうろうどう

- 和歌山県伊都郡高野町高野山550
- 0736-56-2011(金剛峯寺)
- 6:00〜17:30(1月1日は0:00〜2:00頃、8月13日の萬燈供養会には19:00〜21:00再度開扉)
- 無休 ● 拝観自由
- 地図/P245-F1

Keyword no.

038 参道

さんどう

高野山信仰の中心、御廟へと向かう聖なる道

地元の人は、奥之院を石の美術館だと誇らしげに語るという。参道脇に立ち並ぶ無数の石塔——その数は20万基を超える。

藤原道長の参詣以降、高野山奥之院は天下の霊場として名を馳せ、ここに眠ることこそ浄土への道につながると考えられるようになった。特に徳川家が霊廟を建てた影響は大きく、諸国の大名もこぞって立派な墓を築いた。

参道には天皇家や貴族の墓もあれば、法然や親鸞といった大宗教家の墓もある。武田信玄、上杉謙信、織田信長や豊臣秀吉など現世で火花を散らし合った武将の供養塔も見つけることができる。キリスト教信者の供養塔もある。そして、市井に生きた人々の墓がある。誰もが弘法大師・空海の前において平等となり、敵も味方もなく、この地に静かに眠っているのだ。

参道を歩くうち、私たちは現世で得たものを死によってすべて手放したときこそ、真の安息を得られると知る。求めないからこそ与えられる——御廟までの道のりは、そんな気づきを得る小さな旅でもある。

樹齢千年に及ぶ大杉が整然と立ち並ぶ参道

参道に沿って立ち並ぶ杉は、全国の信者たちが植えたもの。老杉の大木が整然と並ぶさまに圧倒される。堂々たる杉木立は、豊かな自然を維持するために大切に手入れされてきた証だ。

参道に並ぶ供養塔は

苔むした石の芸術品

五輪塔

ごりんのとう

高野山で立てられ始めた特徴的な石塔

各石は、下から地、水、火、風、空を表し、その梵字が刻まれている。密教では、この五つに、精神的要素である識（しき）を加えた六大が、全宇宙を構成すると考える。ゆえに、六大思想をその起源に持つ五輪塔は、宇宙全体、そして大日如来の姿を表しているのだ。

構造

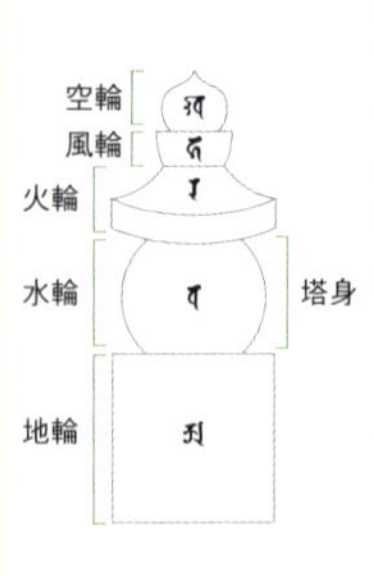

宝篋印塔

ほうきょういんとう

中国に起源を持ち、石像美術的に貴重な石塔

日本には平安時代に伝わったとされる。塔中には宝篋印心咒経（ほうきょういんしんじゅきょう）が収められ、塔の周りには密教の四仏（または四仏を表す種子）などを刻むのが一般的。五輪塔と宝篋印塔は密教系の塔であったが、次第に宗派を超えて立てられていった。

構造

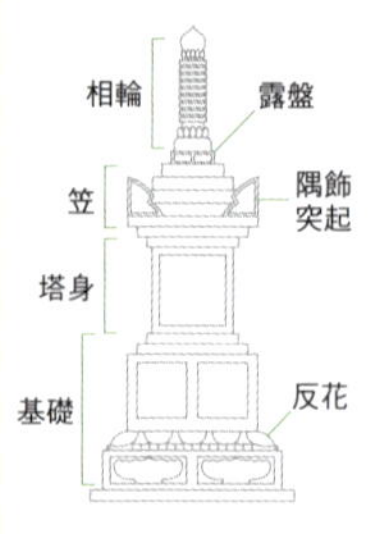

奥之院の参道の両脇には石の芸術ともいわれる
独特の形をした供養塔が無数に並ぶ。
橋を渡るたび聖域は霊性を帯びて、
ただそこを歩くだけで心身が浄められていくようだ。

無縫塔

むほうとう

ひとつの石から つくられた卵型の 塔身を持つ塔

頭部が丸い無縫塔は、僧の墓塔に用いられることが多いという。丸い部分はひとつの石で構成されるため、縫い目がないように見えることからその名がついた。その形状から卵塔とも呼ばれる。鎌倉時代に中国から伝わり、時代によりその形状は微妙に変化している。

構造

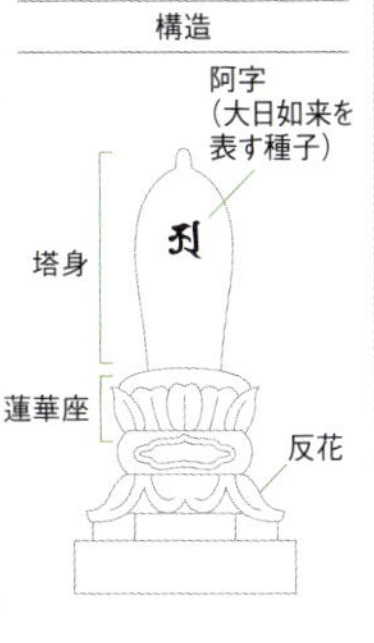

板碑

いたび

平らな一枚板に 彫り込みを 入れた石塔

ひとつの石材を平らな板状に加工し、塔身上部に仏像や種子、その下に造立者名や造立趣旨、造立年などを刻んだもの。上の山形部分の下には2本の横線が刻まれることが多い。奥之院では、阿弥陀如来像の代わりに南無阿弥陀仏と六字名号を刻んだ板碑もある。

構造

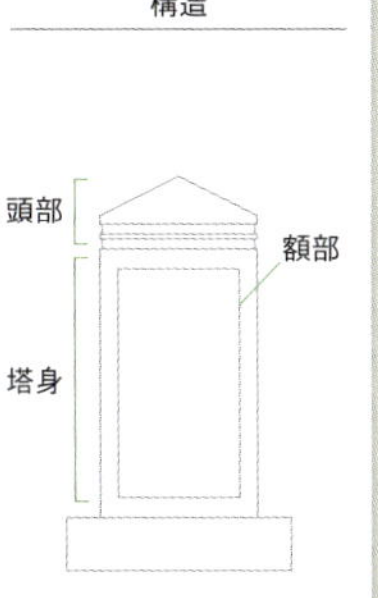

角塔婆

かくとうば

四角柱に 削り出した 木製の塔

五輪塔を簡略化した塔。木を削り出してつくった塔の形状は四角柱で、一般的に高さは1～2メートル程度ある。地、水、火、風、空の梵字とともに、故人の戒名が刻まれていることが多い。墓が立つまでの間に墓標として角塔婆を立てたり、落慶法要のときに立てることもある。

構造

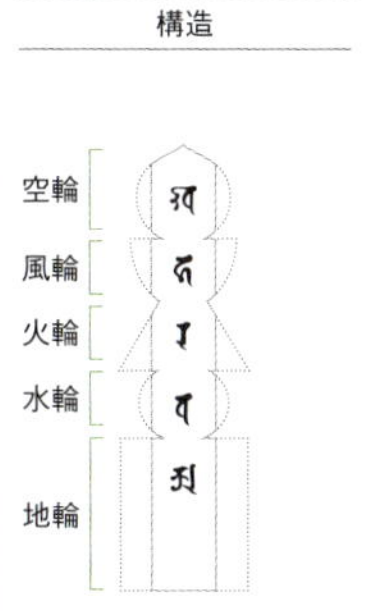

奥之院参道図
Okunoin Approach Map
樹齢数百年の杉の巨木の合間に、苔むした供養塔が無数に並ぶ。高野山の聖域である奥之院参道は、清浄で厳粛な空気に満ちている。ここには高野山への信仰が篤かった戦国武将の供養塔も多く、参道を進みながら日本の歴史をたどることもできる。
汗かき地蔵
あせかきじぞう
人々に代わり苦しみを一身に受けているため、つねに汗をかいているといわれる地蔵尊。
棺掛桜
かんかけのさくら
嵯峨天皇の遺言に従い嵯峨野の木に掲げた棺が天人たちに運ばれ、この桜の木に掛かったという。空海が必ず浄土にお迎えすると約束したためと伝えられている。
供養塔
金の川
井伊掃部頭供養塔
上杉謙信・景勝霊屋
石田三成供養塔
薩摩島津家供養塔
伊達政宗供養塔
武田信玄・勝頼供養塔
小田原北条氏供養塔
紀州徳川家供養塔
大師の腰掛け石
熊谷直実・平敦盛供養塔
くまがいなおざね たいらのあつもりくようとう
源平合戦の一の谷の戦いで、一騎打ちの相手（敦盛）があまりに若く、戦いをためらった直実が泣く泣く首を上げたという逸話は、『平家物語』の「敦盛最期」でも有名。
奥州仙台伊達家供養塔
おうしゅうせんだいだてけくようとう
一の橋を渡り、奥之院参道に入ると左手に見えてくる。奥之院にはこの五輪塔をはじめ、仙台藩主を務めた歴代の伊達氏を供養した塔が立てられている。
加賀前田家供養塔
薩摩島津家霊屋
親鸞聖人供養塔
司馬遼太郎文学碑
しばりょうたろうぶんがくひ
「高野山開創1200年記念大法会」の記念事業として2008（平成20）年に立てられた。碑文は『歴史の舞台―文明のさまざま』「高野山管見」より抜粋されている。
一の橋
いちのはし
おど川
一の橋案内所

弘法大師御廟
納骨堂
一切経蔵
↑玉川（御廟前の川）
燈籠堂
流水灌頂
水向地蔵
御供所
興山応其上人廟
浅野内匠頭供養塔
筑前黒田家供養塔
御廟橋
法然上人供養塔
英霊殿
長州毛利家供養塔
信州真田家供養塔
中の橋大駐車場
中の橋案内所
中の橋
みろく石
祠の中にある黒い石は、弥勒菩薩の浄土である兜率天（とそつてん）から来たといわれる。その石を上下に移動させることができたらよいことがあると伝えられている。
織田信長供養塔
比叡山焼き討ちの後、高野山にも兵をさし向けた織田信長が本能寺の変により倒れると、織田軍は撤退した。高野山に刃を向けた信長の供養塔も、奥之院には並ぶ。
姿見の井戸
中を覗いて姿が映らなければ、3年以内に命が絶えるという言い伝えで有名な井戸。
豊臣家墓所
玉垣に囲まれた墓所には天正～慶長年間に立てられた秀吉の母、姉、弟・秀長とその妻、長男・鶴松、淀君の墓と、1939（昭和14）年に再建された秀吉の墓がある。
松平秀康及び同母霊屋
徳川家康の次男で豊臣秀吉の養子を経て下野の大名結城家の養子となった結城（松平）秀康は、越前の大大名。石造りの霊廟が2棟並ぶ墓所は国の重要文化財に指定。
一番石塔（崇源院供養塔）
織田信長の妹・お市の方の三女にして、徳川2代将軍・秀忠の正室であったお江（ごう）の方こと崇源院の五輪塔。高さ6.6メートルと高野山で最大の石塔である。
高麗陣敵味方戦死者供養碑
文禄・慶長の役で没した、日本、李氏朝鮮、明のすべての人を弔うために建立された3.85メートルの供養碑。敵味方の別なくすべての者を受け入れ供養している。
明智光秀供養塔
謀反を起こし本能寺で織田信長を討った明智光秀の供養塔は、中央の水輪（丸い部分）にひびが入っている。このひびは不思議なことに何度立て直しても入ってしまうという。
N
0
100
200
300
400m

金剛峯寺

Keyword no. 039

こんごうぶじ

Chapter 2
Koyasan
Keyword no.

039

Kongobuji

青巌寺の寺紋
せいがんじのじもん

高野山最大にして最高の格式を有する中心寺院

空海は仏教を究めたいという思いを込め、
金剛峯寺の名を考えたという。
この寺名は大切に受け継がれ
現在では高野山真言宗3600寺を有する
総本山の名称となっている。

金剛峯寺の寺紋

豊臣秀吉より拝領した青巌寺の寺紋である桐(左)と、高野山の鎮守・丹生都比売神社の定紋である巴(ともえ・右)。金剛峯寺の寺紋は、このふたつをもって表される。

丹生都比売神社の定紋
にうつひめじんじゃのじょうもん

高野山真言宗の総本山

寺名に掲げた空海の思い

金剛峯寺の名は金剛峯楼閣一切瑜伽瑜祇経に由来する。そこにはインドから伝えられた瑜伽（ヨーガ）の修行を通して仏教を究めようとする空海の思いが込められているという。

ここにはかつて、空海から高野山を引き継いだ真然の住坊があった。そして1130（大治5）年、覚鑁により大伝法院が建立されると、山内でも拓けた要所となる。その後、豊臣秀吉が1590（天正18）年に興山寺を、1593（文禄2）年に青巌寺を木食応其に命じて建立させ、高野山は繁栄していく。平安時代中期の奥之院造営以来、金剛峯寺とは高野山内のすべてを包括した名称であった。すなわち、一山境内地である。ところが1868（明治1）年、青巌寺が金剛峯寺と改称し、翌年興山寺と合併して高野山を代表する寺院となったことから、狭義では高野山真言宗の総本山、山内最高位の座主の住坊を指すようにもなった。座主は歴代、高野山真言宗の管長も務めている。4万8295坪という広大な敷地を持つ、高野山最大の寺院である。

page
瑜伽 — 69
真然大徳 — 112
青巌寺と興山寺 — 112
木食応其 — 113

039

Kongobuji

歴史を見守り続ける正門

秀吉の時代に建てられた正門（表門）は、金剛峯寺最古の建築物。昔、門の正面から入れるのは天皇、皇族、高野山の重職のみであったことにちなみ、今も僧は右側にある小さなくぐり戸から出入りしている。

＊金剛峯寺のデーター→P115

Kongobuji

金剛峯寺見取り図

簡素でありながら堂々たる輪郭を備えた
金剛峯寺には、
名だたる絵師が腕を振るった襖絵や
歴史上の人物にまつわる部屋などが残り、
高野山の伝統と格式を感じることができる。

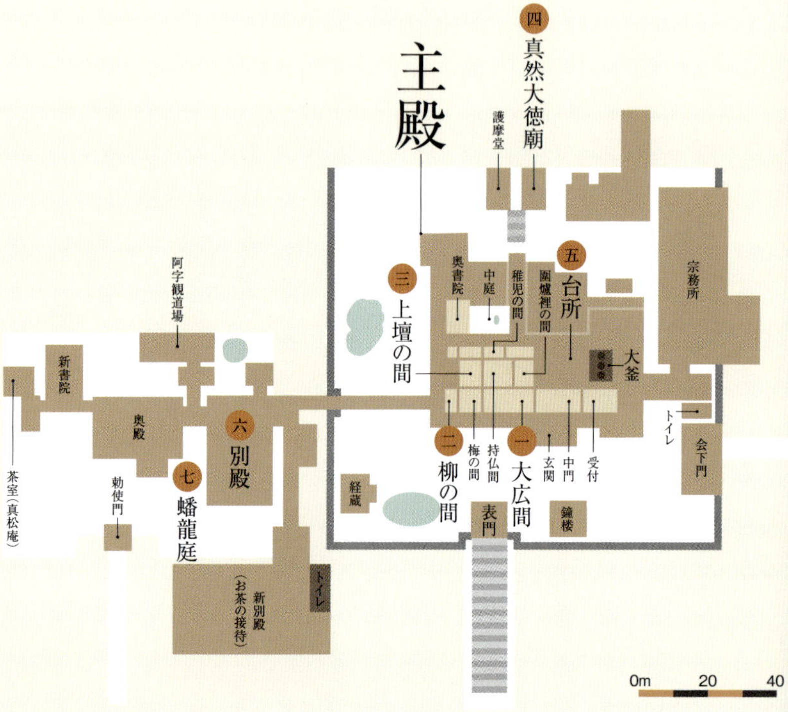

主殿
四 真然大徳廟
護摩堂
五 台所
三 上壇の間
奥書院
中庭
稚児の間
囲炉裡の間
宗務所
大釜
阿字観道場
新書院
奥殿
六 別殿
七 蟠龍庭
茶室(真松庵)
勅使門
新別殿(お茶の接待)
トイレ
二 柳の間
梅の間
持仏間
一 大広間
玄関
中門
受付
トイレ
会下門
経蔵
表門
鐘楼
0m 20 40

その一

大広間

おおひろま

本山の
重要な儀式が
行われる部屋

2月の常楽会(じょうらくえ)、4月の仏生会(ぶっしょうえ)など、重要な儀式や法会が行われる場所。襖には狩野法眼元信(かのうほうげんもとのぶ)の筆と伝えられる群鶴図(ぐんかくず)が描かれている。正面奥にある持仏間(じぶつま)は、一般家庭における仏間。本尊の弘法大師像などが奉安されている。

金剛峯寺の主殿は高野山最大の建造物である。

その二

柳の間

やなぎのま

秀吉の甥が自刃した部屋

山本探斉（やまもとたんさい）の手になる、優美な柳鷺図（りゅうろず）が襖に描かれていることから、柳の間と呼ばれている。1595（文禄4）年には、豊臣秀吉によって追放された甥の秀次がこの部屋で自害したため、秀次自刃（じじん）の間とも呼ばれている。

その三

上壇の間

じょうだんのま

皇室専用の応接室

天皇や上皇が高野山に参詣した際に、応接間として使用された。壁は総金箔押し、天井は折上式格天井（おりあげしきごうてんじょう）の書院造り。上壇右側の房のついた小さな襖は、"武者隠し"といい、その向こうには警護の者が隠れるスペースがある。

その四

真然大徳廟

しんぜんだいとくびょう

高野山第2世の真然大徳が眠る

真然大徳の御廟。建立は1640（寛永17）年。1990（平成2）年の高野山第二世伝燈国師真然大徳千百年御遠忌記念事業の一環として再建された。当初は真然堂と呼ばれていたが、お骨が納められた御舎利器が発見されたことにより、真然大徳廟として祀られている。

その五

台所

だいどころ

昔ながらの炊事場の姿を残す

かつて大勢の僧の食事を調えてきた台所。長年の煤（すす）によって柱や梁も真っ黒である。1980（昭和55）年頃までは、毎年12月28日に行われた餅つきの際に使われてきた。約7斗（98キログラム）を炊く大釜が三つあり、一度に2000人分の米を炊くことができた。

その六

別殿

べつでん

空海の歩みを描いた襖絵で有名

1934（昭和9）年に行われた、弘法大師御入定千百年御遠忌大法会の際に建立。建築は桃山様式。南北に長い方形の設計で、東側と西側に各4部屋が並ぶ。襖絵は守屋多々志（もりやただし）作。東側には入唐から高野山開創までの空海のエピソードが描かれている。

その七

蟠龍庭

ばんりゅうてい

日本最大級の広大な石庭

2340平方メートルの広さを誇る石庭。弘法大師御入定千百五十年御遠忌大法会の折に造園。空海誕生の地である四国産の花崗岩は龍を表し、京都の白川砂は雲海を表す。石庭全体では、雲海の中で奥殿を守るように雄雌一対の龍が向かい合う姿を表現している。

Keyword no. 040

真然大徳

804-891

しんぜんだいとく

空海の志を引き継いだ第2世

『先徳図像』の真然大徳 重文

金剛峯寺は、かつて真然の住坊があったところ。本殿の裏手には今も真然大徳廟が遺されている。(東京国立博物館蔵 Image：TNM Image Archives)

空海の甥にあたる真然は、空海を慕って幼い頃に出家したといわれる。空海より高野山を託され第2世となった。伝法会の基礎を確立し、後進の育成に力を注ぐとともに、空海の伽藍建立計画である『御図記』をもとにした堂塔の造営を進める。876(貞観18)年の大塔に続き、887(仁和3)年には西塔を完成させ、空海の思い描く壇上伽藍を実現した。高野山の礎を築いた名僧として信仰されている。

Keyword no. 041

青巌寺と興山寺

せいがんじとこうざんじ

ふたつの寺院が合併して金剛峯寺となる

現在の金剛峯寺は1869(明治2)年、それまで高野山の中心寺院であった青巌寺と興山寺を統合して、開創以来の名称に復した寺院である。興山寺は、木食応其が建立し、後陽成天皇からその名を賜った寺。青巌寺は、豊臣秀吉が亡き母の菩提を弔うために、1593(文禄2)年に応其に建てさせた剃髪寺で、のちに青巌寺となった。東西に隣接したふたつの寺が現在、総本山としての役割を担っている。

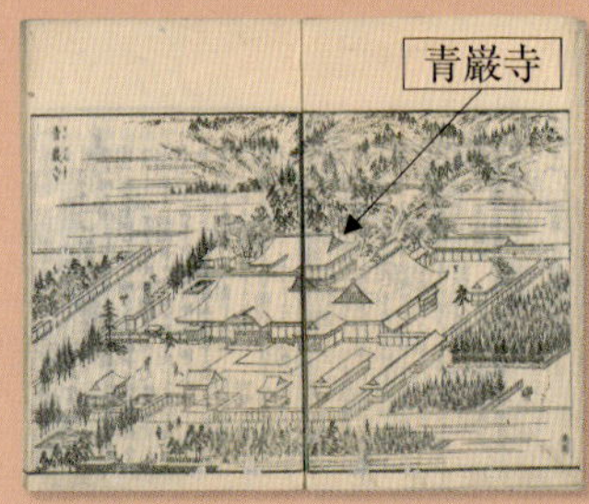

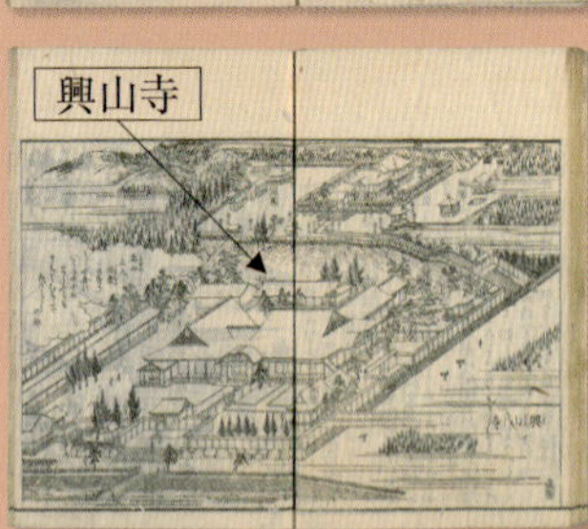

江戸後期に描かれたふたつの寺院

『紀伊國名所圖會』より、青巌寺(上)と興山寺(下)。青巌寺は木食応其の住坊であった。(ともに国立国会図書館蔵)

Keyword no. 042

木食応其

1536-1608

もくじきおうご

秀吉をして「木食の高野なり」といわしめた傑人

高野山を危機から救った僧

豊臣秀吉の高野攻めでは、和平のため1週間かけて山内を説得したといわれる。『木食応其上人像』(金剛峯寺蔵)

近江の武士であった木食応其(もくじきおうご)は38歳で高野山に入る。塩と穀物を断つ木食行を13年も行い、その名がついたとされる。豊臣秀吉は、1585(天正13)年に抵抗勢力であった紀州の根来寺(ねごろじ)を攻略し、続いて高野山に迫った。この危機を救ったのが応其である。応其は敵陣中の秀吉に使者を立て、高野山を救うため無条件降伏の意を伝えた。のちに秀吉は、高野山に米1万石などを寄進し、金堂の再建を命じた。

Keyword no. 043

高野三方

こうやさんかた

平安から江戸まで高野山の僧が属した三つのグループ

平安時代以来、高野山の僧は学侶(がくりょ)方(かた)、行人方(ぎょうにんかた)、聖方(ひじりかた)という三つの階派に分かれていた。これを高野三方という。学侶方は宗務(学業)中心、行人方は政務、庶務の担当、聖方は全国行脚による勧進(募金)担当であった。高野聖と呼ばれた聖方が諸国を巡り、弘法大師・空海の徳の高さや偉業について語った結果、今なお語り継がれる弘法大師にまつわる伝説が全国に広まることになる。と同時に、弘法大師そして高野山は信仰の対象となっていった。高野三方は1868(明治1)年、神仏分離、祭政一致を掲げる明治政府によって廃止された。翌年、豊臣秀吉によって建てられ、それぞれ学侶方、行人方の代表寺院となっていた興山寺、青巌寺の2寺も統合され、金剛峯寺となった。

室町時代の職人歌合(うたあわせ)に見る高野聖

歌人に見立てた職人の歌を比べる職人歌合せ。高野聖に対するは西国三十三所の巡礼者。『三十二番職人哥合綸巻』より(東北大学附属図書館蔵)

Keyword no.

044 | 堂仕の一日

どうじのいちにち

金剛峯寺で寝起きし、働く修行僧の生活

高野山には、山内の寺院に寄宿・修行しながら学校に通う寺生(てらせい)という制度がある。総本山である金剛峯寺は大学生を受け入れており、彼らを堂仕(どうじ)と呼ぶ。高野山の寺院はそのほとんどが宿坊を兼ね、多くの寺生が宿泊者の世話も修行としているが、金剛峯寺にはその施設がない。代わりにあるのは、ここで行われるさまざまな行事の手伝いだ。実際の行事を目の当たりにすることはひじょうに貴重な勉強となるため、大学側の許可を得て講義を欠席し、行事を優先させる場合も少なくない。

「金剛峯寺で行われる行事の8、9割に携わらせていただいています。3年目となると、いつ、どういった行事があり、前日までにどのような準備をすませておくべきか、多少分かってきました」と語る堂仕のひとりは、寺の子息。「縁あって堂仕として生活することになりましたが、今ではここに入ることができてよかったと感じています。金剛峯寺での修行を通して意識が変わりました」。

1200年にわたって続く行事を体験し、疑問があれば専門知識のある人に教えを請うことができるという環境は、行事に対する理解を深め、学問の大切さに気づくきっかけとなる。また、行事に参加する優れた僧との出会いから刺激を受けることもある。

「この仕事をできることがうれしいですし、ここでの経験が将来につながっていくのだという実感もあります。将来は拝むことも勉強もおろそかにせず、中身の伴った、人のためになることができる僧になりたいと思っています」。未来を見据える堂仕の目は輝いている。その思いは後輩へ、そして未来の金剛峯寺へとつながってゆく。

[朝勤行] 経頭(きょうとう)を務める。声明(しょうみょう)では、鈸(はち)を打ち鳴らす。

堂仕とは、金剛峯寺に住み込み、
修行をしながら大学に通う学生のこと。
金剛峯寺でのお勤めだからこそ得られる
貴重な宗教体験は、彼らの目にどう映るのか——
将来の高野山真言宗を担う若者の一日に密着した。

Weekday Schedule

金剛峯寺に住み込み修行する堂仕の一日

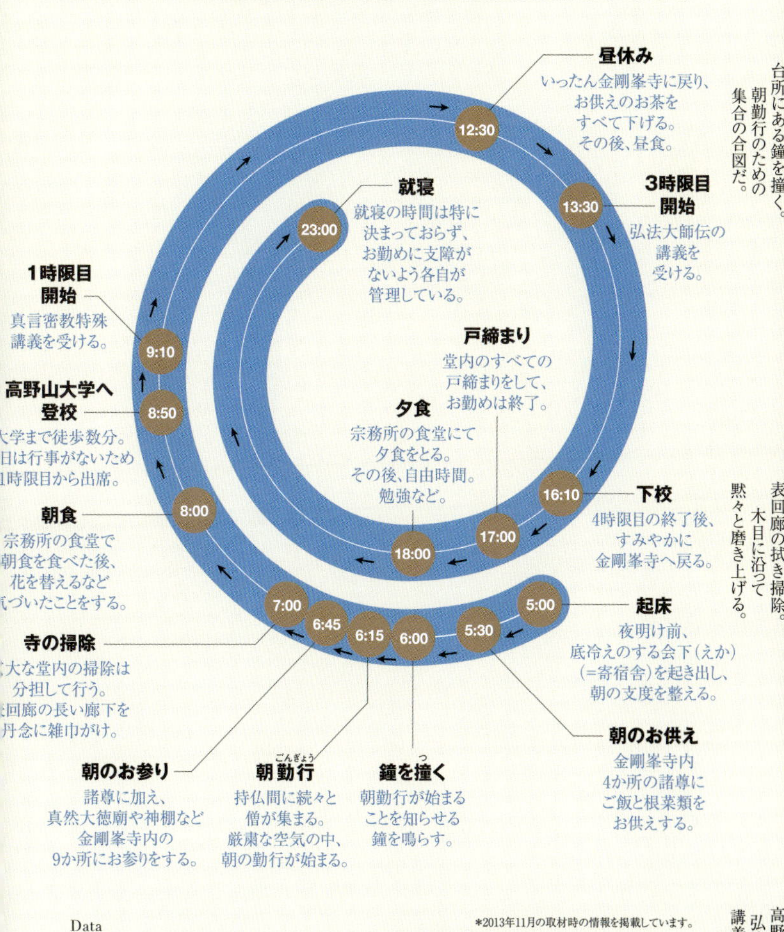

5:00
起床
夜明け前、
底冷えのする会下（えか）
（＝寄宿舎）を起き出し、
朝の支度を整える。
5:30
朝のお供え
金剛峯寺内
4か所の諸尊に
ご飯と根菜類を
お供えする。
6:00
鐘を撞く
朝勤行が始まる
ことを知らせる
鐘を鳴らす。
6:15
朝勤行
持仏間に続々と
僧が集まる。
厳粛な空気の中、
朝の勤行が始まる。
6:45
朝のお参り
諸尊に加え、
真然大徳廟や神棚など
金剛峯寺内の
9か所にお参りをする。
7:00
寺の掃除
大な堂内の掃除は
分担して行う。
回廊の長い廊下を
丹念に雑巾がけ。
8:00
朝食
宗務所の食堂で
朝食を食べた後、
花を替えるなど
づいたことをする。
8:50
高野山大学へ
登校
大学まで徒歩数分。
日は行事がないため
1時限目から出席。
9:10
1時限目
開始
真言密教特殊
講義を受ける。
12:30
昼休み
いったん金剛峯寺に戻り、
お供えのお茶を
すべて下げる。
その後、昼食。
13:30
3時限目
開始
弘法大師伝の
講義を
受ける。
16:10
下校
4時限目の終了後、
すみやかに
金剛峯寺へ戻る。
17:00
戸締まり
堂内のすべての
戸締まりをして、
お勤めは終了。
18:00
夕食
宗務所の食堂にて
夕食をとる。
その後、自由時間。
勉強など。
23:00
就寝
就寝の時間は特に
決まっておらず、
お勤めに支障が
ないよう各自が
管理している。

5:45
樒採り。
朝勤行で使用する
葉を選別する。

6:00
台所にある鐘を撞く。
朝勤行のための
集合の合図だ。

7:00
表回廊の拭き掃除。
木目に沿って
黙々と磨き上げる。

13:30
高野山大学にて
弘法大師伝の
講義を受ける。

Data

*2013年11月の取材時の情報を掲載しています。

金剛峯寺
こんごうぶじ

- 和歌山県伊都郡高野町高野山132
- 0736-56-2011 ● 8：30〜17：00（受付は閉所30分前まで） ● 無休
- 拝観料500円（茶菓子接待付き）
- 地図／P244-C3

年中行事

Keyword no. 045

ねんじゅうぎょうじ

密教の行法と民俗信仰が
ひとつになって生まれた
山の祭り

神仏の功徳を称える仏教行事。
さらに高野山のそれは、
古より受け継がれてきた山ならではの信仰と
僧たちの修行とがひとつになった、
神聖なる魂の顕れである。

Chapter 2
Koyasan
Keyword no.

045

Annual Functions

新しい一年の福を祈願する修正会

修正会は、1月1日から3日と1月5日に行われる正月の法会。写真は、僧らが経や声明(しょうみょう)を唱えながら壇上伽藍の金堂内を回る様子。

Keyword no. 046→P120

修正会
しゅしょうえ

1月1日〜3日・5日

除災招福、五穀豊穣、世界平和を祈願する正月の法会

"月に正しきを修する"の意。悔過(けか)ともいい、過去の過ちを悔い改め、一年間の福を祈願する。1月1日〜3日は壇上伽藍の金堂と奥之院の燈籠堂にて、1月5日は壇上伽藍の根本大塔にて行われる。

法印転衣式
ほういんてんねしき

3月吉日

年中行事の長を務める法印御房(ほういんごぼう)の就任式

法印(正式には寺務検校執行法印)とは、弘法大師のお手がわりとして年中行事の長を務める位。就任することにより、写真のように衣、袈裟、下駄などすべて緋色のものを身に着けることになる。在職期間は1年間。

仏生会
ぶっしょうえ

4月8日

釈迦の生誕を祝う、いわゆる花祭り

釈迦の生誕を祝い、誕生から涅槃(ねはん)までを節をつけて唱える仏生会講式を奉読する。花御堂に釈迦の誕生仏を祀り、甘茶をかける灌木(かんぼく)の修法(しゅほう)が有名。一般には花祭りとして知られる。

Keyword no. 049→P126

山王院竪精
さんのういんりっせい

旧暦5月3日

明神さまの御前で僧がくり広げる密教問答

学道の登竜門的儀式。この儀式を経て勧学会(かんがくえ)、内談義(うちだんぎ)、御最勝講(みさいしょうこう)を修めると、上綱(じょうご)と呼ばれる上位の職に任ぜられることになる。写真は猿引(さるひき)問答の様子。

Keyword no. 047→P122

常楽会
じょうらくえ

2月14日・15日

経に節をつけた声明(しょうみょう)で釈迦の入滅を偲ぶ

釈迦の涅槃(ねはん)図を掲げ、その恩徳を偲ぶ儀式。経に節をつけて唱える講式という声明を通して、釈迦を慕い、徳を称え、報恩を捧げる。釈迦の入滅前夜にあたる2月14日から夜通しで金剛峯寺にて行われる。

Keyword no. 048→P124

旧正御影供
きゅうしょうみえく

旧暦3月21日

弘法大師・空海の入定日に行われる宗祖への報恩法会

御影供は、弘法大師が入定した3月21日にちなんで行われる法会。毎月21日に行われる月次(つきなみ)御影供、新暦3月21日に行われる正御影供に増して盛大なのが旧暦3月21日に行われる旧正御影供である。

大曼荼羅供
だいまんだらく

4月10日

きらびやかな袈裟を身に着けた僧らが練り歩く

密教で最も重要とされている法会のひとつ。両界曼荼羅(胎蔵界曼荼羅と金剛界曼荼羅)を掲げ、正方形の大きな修法(しゅほう)壇を設置し、導師による声明(しょうみょう)や僧たちによる読経、お練り供養が行われる。

内談義/御最勝講
うちだんぎ/みさいしょうこう

旧暦6月9日・10日/旧暦6月10日・11日

勧学会の新衆(しんじゅ)が出仕する問答

独特の節をつけて問答を行う内談義は、もともとは練学会(れんがくえ)という名で、10日間にわたって行われていた。続く御最勝講はもともと宮中行事であったが、1274(文永11)年からは問答論議となった。

Keyword no. 050→P128

不断経
ふだんぎょう

8月7日より1週間

一日3回×1週間
経を唱え続ける
盆の風物詩

盆行事のひとつで、壇上伽藍の金堂で1週間行われ続ける。経頭（きょうとう）と呼ばれる者を先頭に30人を超える僧の集団が1列に並び、理趣経に節をつけて読誦（どくじゅ）しながら金堂内の内陣を回り歩く。

Keyword no. 051→P130

勧学会
かんがくえ

9月（非公開）

高野山伝統の教学を学ぶ
学僧による
学問研鑽の行事

高野山の僧としての作法やしきたり、経典、空海の著書などについて学び、問答を行う学問研鑽の行事。それぞれ十日間続く十日廻し、二日廻し、本会（ほんね）という3部構成になっている。完全非公開で行われる。

萬燈供養会「ろうそく祭り」
まんどうくようえ「ろうそくまつり」

8月13日

奥之院の参道が
10万本のろうそくの光に
浮かび上がる

1974（昭和49）年から始まった、奥之院に眠るすべての御霊（みたま）を供養する盆行事。参詣者が供えた10万本を超えるろうそくの光に奥之院参道の約2キロメートルが幻想的に浮かび上がる。ろうそく祭り。

御幣納め
ごへいおさめ

12月31日

巨大な御幣を
明神さまに奉納し、
年を締めくくる

大晦日の晩に山内寺院のひとつである龍光院（→P146）にて、長さ約2.5メートルの大松明と約1メートルの御幣（写真）がつくられ、大松明の明かりを先頭に御幣を壇上伽藍の御社（みやしろ）に奉納する。

高野山の代表的な年中行事

1月		
1月1日〜3日・5日	修正会	しゅしょうえ
2月		
2月3日	節分会	せつぶんえ
2月14日・15日	常楽会	じょうらくえ
3月		
3月吉日	法印転衣式	ほういんてんねしき
3月21日	正御影供	しょうみえく
彼岸の中日 前後3日間	彼岸会	ひがんえ
旧暦3月21日	旧正御影供	きゅうしょうみえく
4月		
4月8日	仏生会	ぶっしょうえ
4月10日	大曼荼羅供	だいまんだらく
4月21日	奥之院萬燈会	おくのいんまんどうえ
5月		
5月3日〜5日	結縁灌頂	けちえんかんじょう
旧暦5月1日・2日	山王院夏季祈り	さんのういんかきいのり
旧暦5月3日	山王院竪精	さんのういんりっせい
6月		
6月15日	宗祖降誕会	しゅうそごうたんえ
旧暦6月9日・10日	内談義	うちだんぎ
旧暦6月10日・11日	御最勝講	みさいしょうこう
7月		
8月		
8月7日より1週間	不断経	ふだんぎょう
8月11日	盂蘭盆会	うらぼんえ
8月13日	萬燈供養会	まんどうくようえ
	「ろうそく祭り」	ろうそくまつり
9月		
彼岸の中日 前後3日間	彼岸会	ひがんえ
9月（非公開）	勧学会	かんがくえ
10月		
10月1日〜3日	奥之院萬燈会	おくのいんまんどうえ
10月1日〜3日	結縁灌頂	けちえんかんじょう
10月16日	明神社秋季大祭	みょうじんじゃしゅうきたいさい
12月		
12月31日	御幣納め	ごへいおさめ

Keyword no.

046 修正会

しゅしょうえ

除災招福、五穀豊穣、世界平和を祈願する正月の法会

高野山内にある117の寺院の僧らが一堂に会して除災招福、五穀豊穣、世界平和を祈願する行事で、1月1日～3日の金堂修正会では、僧らは経や声明（しょうみょう）を唱えながら堂内を足早にぐるぐると回る。3周目になると、一人1本ずつ長さ約1.2メートルの牛玉杖（ごおうづえ）（福杖）を手に取り、杖をつきながらさらに1周する。4周したところで杖を戻して座に着くが、結願（けちがん）となる3日目は杖を持ったまま座に着き、導師の合図に合わせて杖で3回床を叩いて祈念。その後、護符を収めた牛玉宝印函を一人ずつ拝み、終了となる。

1月5日に行われる大塔修正会も法会の趣旨は同じだが、金堂修正会は顕立（けんだて）（顕教流の法会）、大塔修正会は密立（みつだて）（密教独自の法会）という違いがある。

堂内を回り、魔除けの杖で床を打ち鳴らす

結願となる3日目は、杖を手にしたまま座に戻り、導師が3回唱える「南無如意」に合わせ、杖で床を3回叩く。法会後、僧は杖をいただいて帰る。

Schedule

1月1日～3日	壇上伽藍金堂、奥之院燈籠堂にて	1月5日	壇上伽藍根本大塔にて

1月1日～3日は壇上伽藍の金堂と
奥之院の燈籠堂にて、
1月5日は壇上伽藍の根本大塔にて行われる。
牛玉杖（ごおうづえ）という魔除けの杖を手に堂内を巡り、
杖で床を叩いて
新しい一年の福を祈願する。

Keyword no.

047 常楽会

じょうらくえ

経に節をつけた声明で釈迦の入滅を偲ぶ

涅槃(ねはん)図の軸を祀り、供え物をする。

釈迦の入滅を偲び、全山をあげて行われる法会で、涅槃会とも呼ぶ。入滅前夜にあたる2月14日23時、金剛峯寺の大広間に集まった山内の僧と専修学院の院生によって法会は始まる。法会は、経に節をつける声明のひとつである講式のうち、釈迦を慕い、入滅を偲ぶ涅槃講、弟子によって伝えられた尊い教えの恩徳を語る羅漢講、釈迦にまつわる聖地を慕う遺跡講、釈迦の遺骨(仏舎利)を称える舎利講という四つの講式を中心に進む。涅槃講、羅漢講が終わるのは翌15日の午前6時頃で、1時間ほどの休憩をはさんで遺跡講、舎利講が行われ、すべてが終わるのは午前11時頃。法会中は一般の参詣者も大広間隣の囲爐裡の間(土室)にて講式に耳を傾けることができる。

山内の僧や学僧が一堂に会する。

2月14日・15日　金剛峯寺大広間にて

経に節をつけて唱える講式という声明を通して、
釈迦を慕い、徳を称え、報恩を捧げる法会。
釈迦の入滅前夜にあたる2月14日の深夜から翌15日の昼まで、
夜を徹して行われる。

釈迦の徳を称える講式が響きわたる

ひと晩じゅう明かりが灯され続ける金剛峯寺には、全山の僧と専修学院の院生が集まり、四つの講式を中心に、声高らかに声明（しょうみょう）を唱え、釈迦の入滅を偲ぶ。

Keyword no.

048 旧正御影供

きゅうしょうみえく

弘法大師・空海の入定日に行われる宗祖への報恩法会

奥之院の参道を進む練り歩き法会。

弘法大師・空海が入定した3月21日にちなんで行われる御影供のうち、旧暦3月21日に山をあげて盛大に行われる行事。前夜の御逮夜では、花とろうそくの光で全体が埋め尽くされた壇上伽藍の御影堂の前に舞台が設けられ、ご詠歌や舞踊が奉納される。その後、御影堂内で山内の僧らによって御逮夜法会が行われる。正当日（入定日当日）には、山内の僧が金剛峯寺から御影堂まで練り歩き法会を行う。また奥之院では、僧らによる御供所から燈籠堂への行道があり、法会が行われるなど、山内は華やかな雰囲気に包まれる。

旧暦3月21日（前夜は御逮夜） 壇上伽藍御影堂にて

旧暦3月21日、弘法大師・空海が入定したその日に
宗祖への報恩を捧げる盛大な行事。
前夜の御逮夜法会では、非公開の御影堂が開放され、
僧らとともに参詣者も本尊を拝することができる。

華やかに
行われる
盛大な法会

正当日には華やかな姿の僧が練り歩き法会を行うほか、裏千家による献茶式や華道高野山による献花式も行われる。

Keyword no.

049 山王院豎精

さんのういんりっせい

明神さまの御前で僧がくり広げる密教問答

もともとは、堕落した高野山の僧に対する明神さまの怒りを鎮めるために行われるようになった。

山王院に入った豎義は高座に座し、精義はその背後に2枚の絹布団にくるまれて座す。論題を書いた算木は一から五まであり、それぞれに対して豎義が考えを示し、精義が批評、指導を行う形で問答は進む。

日付けが変わる頃に三の算木までが終わり、いったん各衆坊に引き上げたのち、午前4時に再開。五の算木まで終わると、勧学会の新衆（勧学会に初めて出仕する僧）による後講が始まる。二人一組となった新衆は、それぞれ問者と答者となり、右足を立ててひざまずき、左手を握り合って問答を行う。

後講（ごこう）はその姿から猿引（さるひき）問答とも呼ばれる。

問答は夕方から明け方まで続く

ろうそくの光の中で行われる、この密教問答は、高野山の僧にとっては、上位の職に昇格するために欠かせない儀礼のひとつでもある。

旧暦5月3日　壇上伽藍山王院にて

丹生(にう)明神、高野明神らを祀る御社(みやしろ)前の山王院を舞台に、
問者が出す密教に関する問いに対して、
自身の考えを示す竪義(りゅうぎ)役の僧と
批評、指導を行う精義(せいぎ)役の僧との問答が
夜を徹してくり広げられる。

当日18時、竪義と精義は金剛峯寺から山王院へ向かう。

Keyword no.

050 不断経

ふだんぎょう

一日3回×1週間
経を唱え続ける
盆の風物詩

1094(寛治8)年、滅罪生善のために昼夜間断なく理趣経を唱えたことに始まる行事。経頭を先頭に30人を超える僧が列をつくり、理趣経に節をつけた声明を唱えながら堂内を歩いて回る行道と、内陣の金剛界壇と胎蔵界壇の両壇での供養法が行われる。

一日につき、始め経、中経、終わり経の3段があり、午前中のうちにすべてを連続して行う。堂内を4周する1段の行道の間に理趣経1巻を読誦する。その日の最後の経は途中で終わり、翌日の始め経へと引き継がれ、前日に中断したところから読誦する。これを1週間続ける。

白襲に身を包む若い僧らが行道する

8月に入ると、行道の先頭に立つ経頭のほか、行道する役、その補佐役、金剛界壇と胎蔵界壇で供養法を行う役などの配役が決められる。

8月7日より1週間 | 壇上伽藍金堂にて

30人を超える僧が列をなし、一日3回、
経典を唱えながら堂内を行道する。
これを1週間続ける不断経は、
滅罪生善を祈願する、盆行事のひとつである。

行道するのは、若い僧をはじめ山内に住む僧が中心。

Keyword no.

051　勧学会

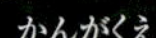

かんがくえ

約1か月にわたって
高野山伝統の教学を学ぶ
学僧による学問研鑽の行事

研鑽の成果を発揮すべく本会へと向かう

習練の場である二日廻しを終えると、本会までの二日間、出仕者は各寺院に籠る。早朝から始まる本会では、縮緬（ちりめん）帽子をかぶった出仕者が緊張した面持ちで勧学院へ向かう。

Schedule

9月(非公開)	勧学院にて

山内の寺院で修行を積み、
金剛峯寺に認められて衆分となった僧が
高野山の僧としての作法やしきたり、
経典、空海の著書などについて学び、
問答をくり広げる。
完全非公開の厳粛な行事である。

教義などについて学ぶ教学のための行事で、参加するためにはまず山内の学僧として仲間入り(交衆)し、さらに競望の願いを提出して新衆となる必要がある。新衆として勧学会に出仕すると、翌年度に2年目の学衆として出仕することになり、さらにある一定の位まで昇進すると、3年目の学衆として出仕することができるようになる。

勧学会はそれぞれ十日間続く十日廻し、二日廻し、本会という3部構成で、十日廻しは、新衆が本会で行う問答の習練の場、二日廻しは新衆に2年目と3年目の学衆を加えた全出仕者による習練の場、本会が本番である。本会前の二日間、出仕者は各寺院に籠り、外出する際は縮緬帽子で顔を隠し、無言を貫く。

早朝6時、童子を従えた一臈(上位の僧)を先頭に学衆たちが勧学院へ入堂すると本会が始まる。

金剛峯寺奥書院で行われる二日廻しの様子。

勧学会の会場にはつねに緊張感が漂う。

高野山町石道
Keyword no. 052
こうやさんちょういしみち
町石をたどり、
高野山へと歩を進める
祈りの道
Chapter 2
Koyasan
Keyword no.
052
Koyasan Choishimichi

高野山までの道しるべとして
空海が木製の卒塔婆を立てた道。
のちに石の五輪塔に立て替えられた町石は、
それ自体が信仰の対象となり、
人々は町石に合掌しながら聖地へ向かった。

五輪塔形の町石

鬱蒼とした木立の中を進む。梵字を刻んだ町石は、かつて道が整備されていなかった時代、貴重な道しるべとなっていた。

空海が開いた表参道

高野山に至るには、古くから高野七口と呼ばれる七つのルートがあった。そのうち空海自らが開き、表参道としたのが高野山町石道である。九度山の慈尊院から大門へと続く道であり、全行程に町石が置かれているのが特徴だ。空海が一町（約109メートル）ごとに立てた木製の卒塔婆が朽ち、朝廷や貴族、武士などの寄進により石柱に替えられたのは鎌倉時代のこと。現在も多くが当時のまま残されている。

町石は根本大塔から慈尊院までに胎蔵界180尊を表す180町石、さらに根本大塔から奥之院までに金剛界37尊を表す36町石（最後の1町は御廟としている）が配され、梵字と壇上伽藍までの町数、寄進者の願文が刻まれている。これらに手を合わせながら、あらゆる階層の人が歩いた全長約24キロメートルの高野山町石道は、江戸時代までは最もよく使われていた参道であった。現在はユネスコの世界遺産「紀伊山地の霊場と参詣道」を構成する資産の一部となっている。

道しるべをたよりに進む歴史の道

町石道には、慈尊院をはじめ、丹生明神や高野明神ら七神を祀った丹生官省符（にうかんしょうぶ）神社、高野山麓の守護神・丹生都比売（にうつひめ）神社、空海が建立したという高さ約6メートルの二ツ鳥居など見どころが多い。展望台からの眺めも素晴らしい。

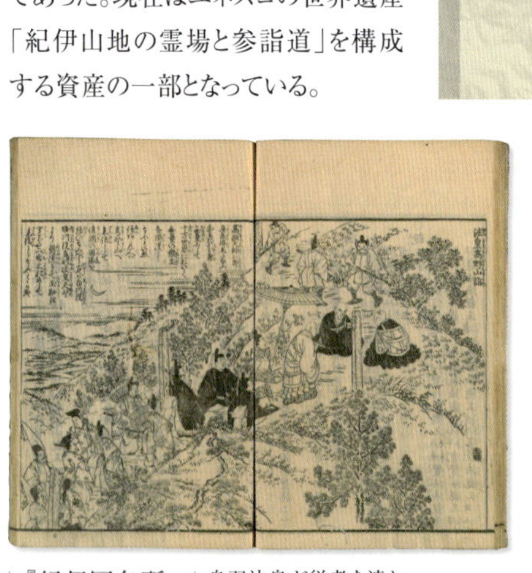

『紀伊國名所圖會』より「法皇高野山詣」

鳥羽法皇が従者を連れて町石道を歩き、高野山に詣でる様子が描かれている。（国立国会図書館蔵）

page
慈尊院 136 大門 138 根本大塔 86 奥之院 94 御廟 98 梵字 37

Keyword no.

053 高野七口

こうやななくち

紀伊半島の各地から高野山へ通じる七つの参詣道

高野七口には高野山町石道のほか、高野街道京大阪道、黒河道、大峰道、熊野古道小辺路、相ノ浦道、有田·龍神道がある。高野街道京大阪道は、京都の八幡市と大阪の堺市から合流して至る道で、江戸時代末期には旅籠や茶屋が多い人気のルートであった。黒河道は、和歌山県の橋本市や奈良方面からの利便性に優れた道で、黒河峠を含む三つの峠越えがある。大峰道は高野山と大峰山を結ぶ東の入り口で、空海が初めて高野山に入った道ともいわれる。熊野古道小辺路は紀伊半島の神域熊野と高野山を結ぶ道で、高野山町石道とともにユネスコの世界遺産に登録されている。有田·龍神道は熊野参詣道中辺路から龍神温泉を経て、有田街道と合流し高野山を目指す道。相ノ浦道は高野槙の産地·高野町相ノ浦地区と高野山を結ぶ短い街道だが、近年は崩落のため通行止めとなっている。

054 慈尊院

じそんいん

空海の母が祈りを捧げた“女人高野”

決死の旅といわれた遣唐使船で海を渡り、帰朝後にはついに真言密教の開祖となった偉大な子をもった母の思いは、いかばかりであったろう。「たった一度でも、息子の開いた山を見たい」と、香川県の善通寺から高野山を訪れた玉依御前は、当時の高野山の厳しい女人禁制の前に行く手を阻まれてしまう。慈尊院はその玉依御前が滞在した高野山の麓の寺院である。もとは高野山の僧が使う法具や日用品を管理する高野政所(=事務所)として空海が816(弘仁7)年に草創した伽藍であったが、玉依御前が弥勒菩薩(慈尊)を信仰したため、のちにこの名で呼ばれるようになった。一説には空海が月に9度、母に会いに来たことから、このあたりが九度山と名付けられたという。

玉依御前にちなんで女人高野、女人結縁の寺といわれ、今も子授けや安産、育児、良縁などを願う女性が多く訪れる。玉依御前の死後、空海が母の崇拝した弥勒仏坐像(国宝)と御母公尊像を安置するために建てた弥勒堂は国の重文指定を受けている。本尊の弥勒仏坐像は絶対秘仏であったため、1960(昭和35)年に仏像彫刻研究家で当時文部技官であった倉田文作らが実見し、翌年に正式な調査を行うまでは幻の仏像であった。新発見の品が国宝となった珍しい例である(この本尊は通常非公開)。

慈尊院は世界遺産の指定を受けた「紀伊山地の霊場と参詣道」を構成する資産の一部である。

子宝、安産、乳がん平癒祈願の寺でもある

参詣者が奉納した乳房の絵が描かれた絵馬や乳房型(上)。慈尊院北門は、16世紀後期の建築と考えられている。奥に見えるのは2012(平成24)年完成の多宝塔。

高野山町石道の入り口には、
空海の母・玉依御前(たまよりごぜん)が
女人禁制の高野山に代わって
草庵を結んだ慈尊院が建つ。
ここは女人結縁(にょにんけちえん)の寺として
多くの女性を受け入れてきた。

弘法大師・空海の御母公(ごぼこう)尊像

玉依御前(たまよりごぜん)が高野山に入ると雷鳴が轟き火の雨が降ったことから、やむをえず山麓にある慈尊院に住んだという。

Data

慈尊院
じそんいん

- 和歌山県伊都郡九度山町慈尊院832
- 0736-54-2214
- 拝観自由
- 地図／P134-A1

Keyword no. 055

不動坂／極楽橋

ふどうざか／ごくらくばし

高野七口最大の難所の復活と聖域に架かる橋

高野街道京大阪道(きょうおおさかみち)の不動坂は、高野山へ至る道の中で最大の難所といわれた。あまりの急勾配のため、大正時代の改修以降、物資を運搬するには困難だとして大きくルート変更されていたが、2012(平成24)年3月に100年ぶりに旧ルートが復元された。俗界と聖域とを分ける朱塗りの極楽橋を渡ると、そこから急峻な坂道が続く。稚児が身を投げたという児瀧(ちごのたき)や、参詣者が高野山に入る前に身体を浄めたといわれる清不動堂(きよめふどうどう)、石仏が並ぶ花折坂(はなおれざか)などを通り、不動坂口の女人堂(にょにんどう)まで続く約2.5キロメートルの道のりだ。極楽橋駅からケーブルカーで一気に登ることもできるが、聖地に至る古来の険しい坂道を体験してみるのもいいだろう。

下界から橋を渡って聖域へ

極楽橋は、南海電鉄極楽橋駅の手前にあり、同駅が完成した1954(昭和29)年に架け替えられた。鮮やかな朱塗りの姿が印象的だ。

Keyword no.

056　大門

だいもん

威風堂々と
そびえる
高野山の総門

国許を出て高野山町石道を歩き、大門の前に立った参詣者は、ようやくここまでたどり着いた感動に打ち震えたことだろう。高さ25.1メートル、幅21メートル、奥行8メートルの巨大な山門は、高野山の総門にふさわしい威厳に満ちあふれている。

かつてはここより数百メートル下方の九十九折谷という地に鳥居が構えられていたが、1141（永治1）年、現在の位置に門が建てられたという。さらに1230（寛喜2）年には、五間二階の楼門となった。その後、落雷などで2度にわたって焼失し、現在の門は1705（宝永2）年に再建されたものである。

門を守る仁王像（金剛力士立像）は、奈良の東大寺南大門の仁王像に次ぐわが国2番目の巨像。康意作の阿形像が5.46メートル、運長作の吽形像が5.58メートルの高さである。

大門の正面には、弘法大師・空海の入定について書かれた2枚の柱聯が掲げられている。なお柱聯の文字は後宇多上皇の揮毫とされている。

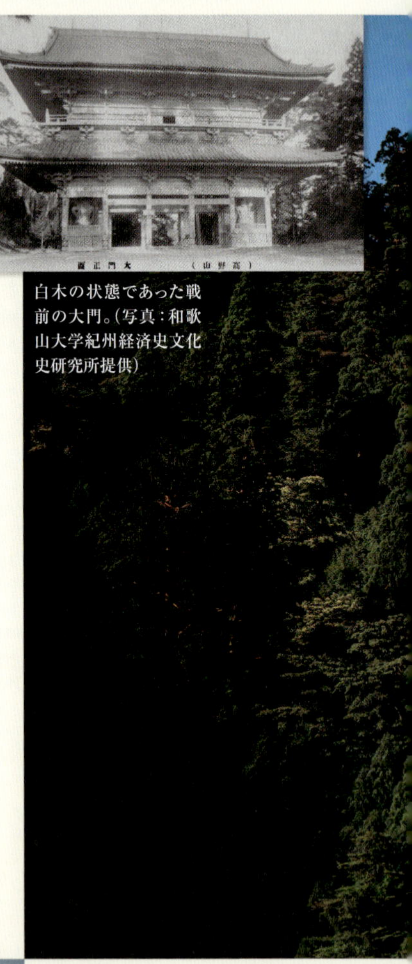

白木の状態であった戦前の大門。（写真：和歌山大学紀州経済史文化史研究所提供）

参詣者を迎えてきた大門の雄姿

1986（昭和61）年の全面解体修理の際、白木の状態であった表面が、かつての姿である丹塗りに戻された。参詣に向かう人々を励ましてきた大門は、国の重要文化財に指定されている。

高野山の西の口に設けられた一山の総門。
大門は参詣道の表玄関として
高野山を訪れる天皇や将軍をも迎えてきた。
阿吽2体の仁王像に守られる楼門は、
今も荘厳な姿で参詣者を迎えている。

康意作の阿形像

運長作の吽形像

Column

参詣者を励ます言葉

大門に掛かる2枚の柱聯

正面の柱の右側に「不闕日日之影向」、左に「検知處々之遺跡」と彫られた板が掲げられている。これは「日々の影向（ようごう）を闕（かか）さずして、処々の遺跡（ゆいせき）を検知す」と読む。「弘法大師は毎日御廟から姿を現し、所々を巡って衆生を救ってくださっている」という同行二人信仰を表すものだ。原文の『日々影向文』は真然の撰述による『阿波国大瀧寺縁起（あわのくにおおたきじえんぎ）』に登場し、空海の作とする説もある。

Data

大門

● 和歌山県伊都郡高野町高野山大門
● 0736-56-2011（金剛峯寺）
● 見学自由　● 地図／P244-A3

女人道／女人堂

Keyword no. 057

にょにんみち／にょにんどう

女性たちが祈りを胸に歩いた女人堂を巡る道

慈尊院や苅萱堂に伝わる悲話が示すとおり、高野山では長い間、厳しい女人禁制が敷かれていた。かつて日本各地の霊山がそうであったように、女人結界が設けられ、そこから内へは入ることが許されなかったのだ。それでも参詣を願う女性たちのために、高野七口の各入り口などに女人堂が建てられた。これらの女人堂を巡り、高野山周囲の峰々を結ぶ道を女人道という。女性たちはこの女人道を歩き、女人堂に籠って真言を唱えることで、弘法大師・空海の加護を得ようとしたのである。

1872（明治5）年、京都で外国からのゲストを招いた博覧会が催された際、各地の霊山は古いしきたりである女人禁制を廃止するよう命じられる。しかし、高野山では独自の決まりとして禁制が守られていた。だが1879（明治12）年、萱野イチノが意志を貫き、夫の住む高野山に女性として初めて居住した。そして1894（明治27）年には、造林局から派遣されて高野山寺町に来ていた山本佐一郎と妻との間に、高野山で初めての赤ん坊である山本（のちに結婚して奥野に改姓）静が誕生。これを経て、1905（明治38）年、女性の居住が公式に認められた。

現存する不動坂口の女人堂のほかには、いくつかの女人堂跡が残るのみである。

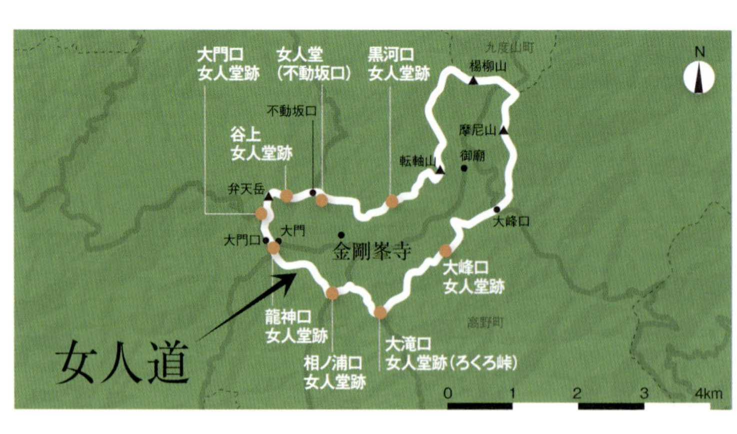

page
慈尊院 136 苅萱堂／苅萱道心  154 高野七口  135 真言 14 不動坂／極楽橋 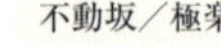 137

女人禁制の高野山を、少しでも近くで拝みたいと願った
女性たちのために建てられた
女人堂（にょにんどう）を巡る道は、
いつしか女人道（にょにんみち）と呼ばれるようになった。

『紀伊國名所圖會』に描かれたろくろ峠

↑女人道のろくろ峠より壇上伽藍を望む。参拝する女たちや物資を運ぶ男たちでにぎわっている。（国立国会図書館蔵）

女人禁制が生んだ哀話『苅萱と石童丸絵傳』

↓高野山の麓、学文路（かむろ）の宿で女人禁制の掟を聞き、入山を諦めた石童丸の母。二宮金嶺画。（苅萱堂蔵）

唯一現存する不動坂口の女人堂

←現在はケーブルカーの高野山駅につながるバス停もすぐ近くにつくられており、アクセスがいい。

Data

女人堂（不堂坂口）
にょにんどう（ふどうざかぐち）

- 和歌山県伊都郡高野町高野山709
- 0736-56-3508 ● 8:30〜16:30 ●無休
- 見学自由 ● 地図／P244-B2

宿坊

Keyword no. 058

しゅくぼう

聖地で参詣者を迎える塔頭寺院

Chapter 2 Koyasan Keyword no.

058

Shukubo

＊各宿坊の番号は高野山宿坊協会発行の高野山MAPにそろえています。

子院として金剛峯寺とともに高野山をなし、
僧の住坊でもあった塔頭（たっちゅう）寺院は、
南北朝時代から江戸時代にかけて
修行僧や信者を泊める宿として機能するようになった。
現在、高野山では52寺が宿坊として参詣者を迎えている。

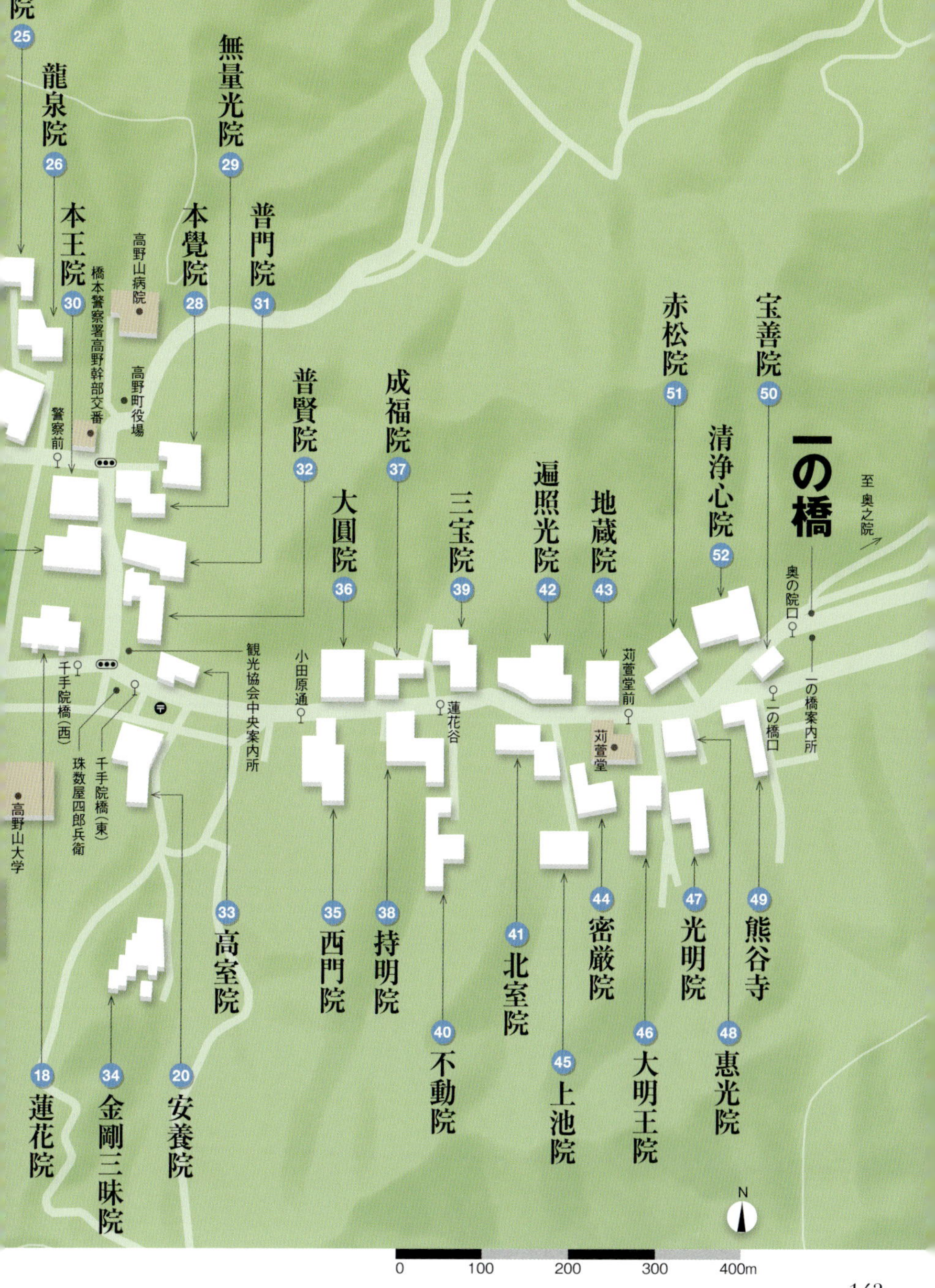

25 光臺院
26 龍泉院
29 無量光院
30 本王院
28 本覺院
31 普門院
32 普賢院
37 成福院
36 大圓院
39 三宝院
42 遍照光院
43 地蔵院
51 赤松院
50 宝善院
52 清浄心院
18 蓮花院
34 金剛三昧院
20 安養院
33 高室院
35 西門院
38 持明院
40 不動院
41 北室院
45 上池院
44 密厳院
46 大明王院
47 光明院
48 恵光院
49 熊谷寺

一の橋
至 奥之院
奥の院口
一の橋案内所
一の橋口
苅萱堂前
苅萱堂
蓮花谷
小田原通
観光協会中央案内所
千手院橋（西）
千手院橋（東）
珠数屋四郎兵衛
高野山大学
警察前
橋本警察署高野幹部交番
高野町役場
高野山病院

N
0 100 200 300 400m

金剛峯寺
一の橋
大門
壇上伽藍

約1000の子院が建ち並ぶ一大宗教都市

約1000の子院を描いた1793（寛政5）年の『高野山壇上寺中絵図（高野山内絵図）』（金剛峯寺蔵）

Chapter 2 Koyasan Keyword no.

058

Shukubo

修行の体験や精進料理が迎える寺の宿

1793（寛政5）年には約1000の寺院が存在したという高野山には現在、117の寺院がある。宿坊として機能するようになった当初は、諸国大名と寺院の檀縁関係ゆえ、旅人の出身国によって宿泊すべき宿坊が決まっていたというが、今では宿坊選びも高野山詣での楽しみのひとつになっている。

宿坊の魅力は数え切れないほどある。外からは見ることのできない本格的な日本庭園や文化財をじっくりと眺めることができるのも、宿泊すればこそ。また、その寺を宿とした歴史上の人物や名もなき旅人たちの息づかいを数百年という時を超えて感じることができるのも高野山の宿坊ならではだろう。しかし、宿泊客にとって一番の楽しみはなんといっても精進料理だ。技と心を尽くした料理の数々がお膳を彩る。

ご本尊の前で読経や礼拝をする朝勤行もぜひ体験したいもののひとつ。宿坊によっては真言密教独特の瞑想法である阿字観、般若心経を書き写す写経や仏の姿を描き写す写仏などを体験できるところもある。密教的日常の一端に触れ、心が洗われるような感覚の中で己を見つめ直すよい機会となるに違いない。

ただし、宿坊はあくまで修行の場である。泊まらせていただけることに感謝しつつ、心穏やかに仏の存在を近くに感じたい。

page
金剛峯寺 106
精進料理 220
庭園 148
阿字観 69

52 Shukubo

Accommodatable Temples in Koyasan

宿坊として宿泊できる52の塔頭(たっちゅう)寺院

寺ごとに特徴があり、異なる趣を楽しめる。宿泊予約は各寺院または高野山宿坊協会を通して申し込む。信徒以外の宿泊を受け付けていない寺もあるので注意。

Number 1

西南院

さいなんいん

●和歌山県伊都郡高野町高野山249
●0736-56-2421
●地図／P244-A3

Number 2

報恩院

ほうおんいん

●和歌山県伊都郡高野町高野山283
●0736-56-2350
●地図／P244-B3

Number 3

桜池院

ようちいん

●和歌山県伊都郡高野町高野山293
●0736-56-2003
●地図／P244-B3

Number 4

宝亀院

ほうきいん

●和歌山県伊都郡高野町高野山294
●0736-56-2018
●地図／P244-B3

Number 5

遍照尊院

へんじょうそんいん

●和歌山県伊都郡高野町高野山303
●0736-56-2434
●地図／P244-B3

Number 6

増福院

ぞうふくいん

●和歌山県伊都郡高野町高野山339
●0736-56-2126
●地図／P244-B3

Number 7

成就院

じょうじゅいん

●和歌山県伊都郡高野町高野山330
●0736-56-2430
●地図／P244-C3

Number 8

釈迦文院

しゃかもんいん

●和歌山県伊都郡高野町高野山349
●0736-56-2639
●地図／P244-C3

Number 9

常喜院

じょうきいん

●和歌山県伊都郡高野町高野山365
●0736-56-2321
●地図／P244-C3

Number 10

天徳院

てんとくいん

●和歌山県伊都郡高野町高野山370
●0736-56-2714
●地図／P244-C3

Number 11

正智院

しょうちいん

●和歌山県伊都郡高野町高野山159
●0736-56-2331
●地図／P244-B3

Number 12

宝城院

ほうじょういん

●和歌山県伊都郡高野町高野山156
●0736-56-2431
●地図／P244-B2

Number 13

西禅院
さいぜんいん

●和歌山県伊都郡高野町高野山154
●0736-56-2411
●地図／P244-B3

Number 14

明王院
みょうおういん

●和歌山県伊都郡高野町高野山146
●0736-56-2106
●地図／P244-B3

Number 15

龍光院
りゅうこういん

●和歌山県伊都郡高野町高野山147
●0736-56-2105
●地図／P244-B3

Number 16

親王院
しんのういん

●和歌山県伊都郡高野町高野山144
●0736-56-2227
●地図／P244-B3

Number 17

総持院
そうじいん

●和歌山県伊都郡高野町高野山143
●0736-56-2111
●地図／P244-C3

Number 18

蓮花院
れんげいん

●和歌山県伊都郡高野町高野山399
●0736-56-2017
●地図／P244-C3

Number 19

一乗院
いちじょういん

●和歌山県伊都郡高野町高野山606
●0736-56-2214
●地図／P244-C3

Number 20

安養院
あんにょういん

●和歌山県伊都郡高野町高野山412
●0736-56-2010
●地図／P244-C3

Number 21

巴陵院
はりょういん

●和歌山県伊都郡高野町高野山702
●0736-56-2702
●地図／P244-B2

Number 22

蓮華定院
れんげじょういん

●和歌山県伊都郡高野町高野山700
●0736-56-2233
●地図／P244-C2

Number 23

西室院
にしむろいん

●和歌山県伊都郡高野町高野山697
●0736-56-2511
●地図／P244-C2

Number 24

南院
なんいん

●和歌山県伊都郡高野町高野山680
●0736-56-2534
●地図／P244-C2

Number 25

光臺院
こうだいいん

●和歌山県伊都郡高野町高野山649
●0736-56-2037
●地図／P244-C2

Number 26

龍泉院
りゅうせんいん

●和歌山県伊都郡高野町高野山647
●0736-56-2439
●地図／P244-C2

Number 27

福智院
ふくちいん

●和歌山県伊都郡高野町高野山657
●0736-56-2021
●地図／P244-C2

Number 28

本覺院
ほんがくいん

●和歌山県伊都郡高野町高野山618
●0736-56-2711
●地図／P244-C2

Number 29

無量光院
むりょうこういん

●和歌山県伊都郡高野町高野山611
●0736-56-2104
●地図／P244-C2

Number 30

本王院
ほんのういん

●和歌山県伊都郡高野町高野山610
●0736-56-2134
●地図／P244-C2

Number 31

普門院
ふもんいん

●和歌山県伊都郡高野町高野山608
●0736-56-2224
●地図／P244-C3

Number 32

普賢院
ふげんいん

●和歌山県伊都郡高野町高野山605
●0736-56-2131
●地図／P244-C3

Number 33

高室院

たかむろいん

●和歌山県伊都郡
高野町高野山599
●0736-56-2005
●地図／P244-C3

Number 34

金剛三昧院

こんごうさんまいいん

●和歌山県伊都郡
高野町高野山425
●0736-56-3838
●地図／P244-C3

Number 35

西門院

さいもんいん

●和歌山県伊都郡
高野町高野山447
●0736-56-2031
●地図／P245-D3

Number 36

大圓院

だいえんいん

●和歌山県伊都郡
高野町高野山594
●0736-56-2009
●地図／P245-D3

Number 37

成福院

じょうふくいん

●和歌山県伊都郡
高野町高野山593
●0736-56-2109
●地図／P245-D3

Number 38

持明院

じみょういん

●和歌山県伊都郡
高野町高野山455
●0736-56-2221
●地図／P245-D3

Number 39

三宝院

さんぼういん

●和歌山県伊都郡
高野町高野山580
●0736-56-2004
●地図／P245-D3

Number 40

不動院

ふどういん

●和歌山県伊都郡
高野町高野山456
●0736-56-2414
●地図／P245-D3

Number 41

北室院

きたむろいん

●和歌山県伊都郡
高野町高野山470
●0736-56-2059
●地図／P245-D3

Number 42

遍照光院

へんじょうこういん

●和歌山県伊都郡
高野町高野山575
●0736-56-2124
●地図／P245-D3

Number 43

地蔵院

じぞういん

●和歌山県伊都郡
高野町高野山573
●0736-56-2213
●地図／P245-D3

Number 44

密厳院

みつごんいん

●和歌山県伊都郡
高野町高野山479
●0736-56-2202
●地図／P245-D3

Number 45

上池院

じょうちいん

●和歌山県伊都郡
高野町高野山476
●0736-56-2318
●地図／P245-D3

Number 46

大明王院

だいみょうおういん

●和歌山県伊都郡
高野町高野山482
●0736-56-2521
●地図／P245-D3

Number 47

光明院

こうみょういん

●和歌山県伊都郡
高野町高野山493
●0736-56-2149
●地図／P245-D3

Number 48

恵光院

えこういん

●和歌山県伊都郡
高野町高野山497
●0736-56-2514
●地図／P245-D3

Number 49

熊谷寺

くまがいじ

●和歌山県伊都郡
高野町高野山501
●0736-56-2119
●地図／P245-D3

Number 50

宝善院

ほうぜんいん

●和歌山県伊都郡
高野町高野山568
●0736-56-2658
●地図／P245-D3

Number 51

赤松院

せきしょういん

●和歌山県伊都郡
高野町高野山571
●0736-56-2734
●地図／P245-D3

Number 52

清浄心院

しょうじょうしんいん

●和歌山県伊都郡
高野町高野山566
●0736-56-2006
●地図／P245-D3

Keyword no.

059 庭園

ていえん

宿坊宿泊者のみが味わえる山の名庭園

高野山には芸術的価値の高い庭園を持つ寺院が多い。なかでも国指定名勝の天徳院（→P145）、県指定名勝の宝善院（→P147）、そして登録記念物の光臺院（こうだいいん）（→P146）、正智院（→P145）、西禅院（→P146）、本覺院（→P146）、桜池院（ようちいん）（→P145）の庭園は全国的にも名高いものだ。高野山内の庭園で唯一、国の名勝に指定される天徳院庭園は1622（元和8）年頃、小堀遠州による作と考えられる。また、1953（昭和28）年作庭の光臺院東庭園をはじめ、登録記念物となっている庭園はすべて、1951～1953年に重森（しげもり）三玲（みれい）が手がけている。光臺院東庭園は、三玲晩年の代表作である松尾大社・曲水の庭の原型と見られる。

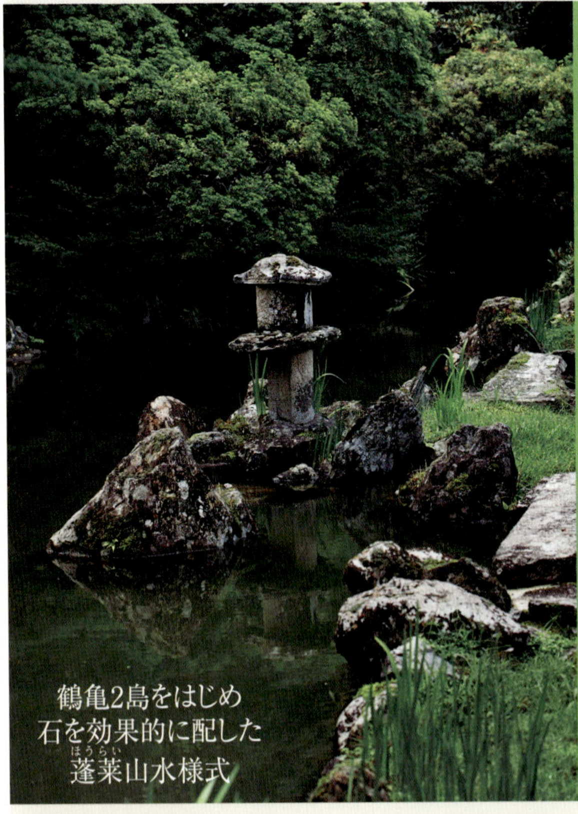

鶴亀2島をはじめ石を効果的に配した蓬莱（ほうらい）山水様式

天徳院

てんとくいん

池泉（ちせん）式庭園で、池には鶴亀2島と枯滝を表す不動石が配され、その奥に加賀藩第2代藩主・前田利常の妻である珠姫が祀られている。手前が現世、池の部分が仙人の世界、滝を登ると仏の世界に至るという世界観を表現している。非公開（宿坊宿泊者は見学可）。

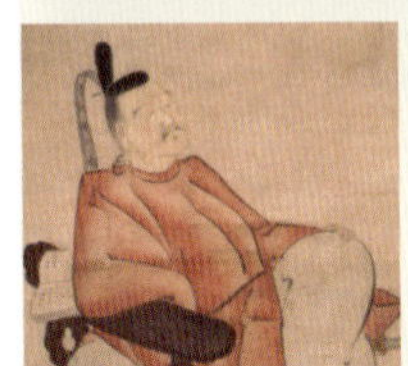

1579-1647

小堀遠州

こぼりえんしゅう

近江国出身の大名茶人、総合芸術家。豊臣家および徳川家に仕えた。“綺麗さび”を特徴とする遠州流茶道の祖。（写真：遠州茶道宗家提供）

凛として清らかな空気、朗々と響く読経の声、
信仰心に基づいた手厚いもてなし。
宿坊で過ごすそんな非日常的な時間を
より豊かにしてくれるもの——それが庭園だ。

光臺院

こうだいいん

造形の中心となる州浜(すはま)形の池は現在涸池となっているが、美しく造形された曲線からは三玲の真骨頂を感じられる。滝組は龍門瀑といわれる豪快なもので、中国の故事にある"登竜門"に基づき、鯉が滝を登って龍となる様を表現している。光臺院には北庭園という庭園もあり、そちらも三玲の手になるものだ。非公開(宿坊宿泊者は見学可)。

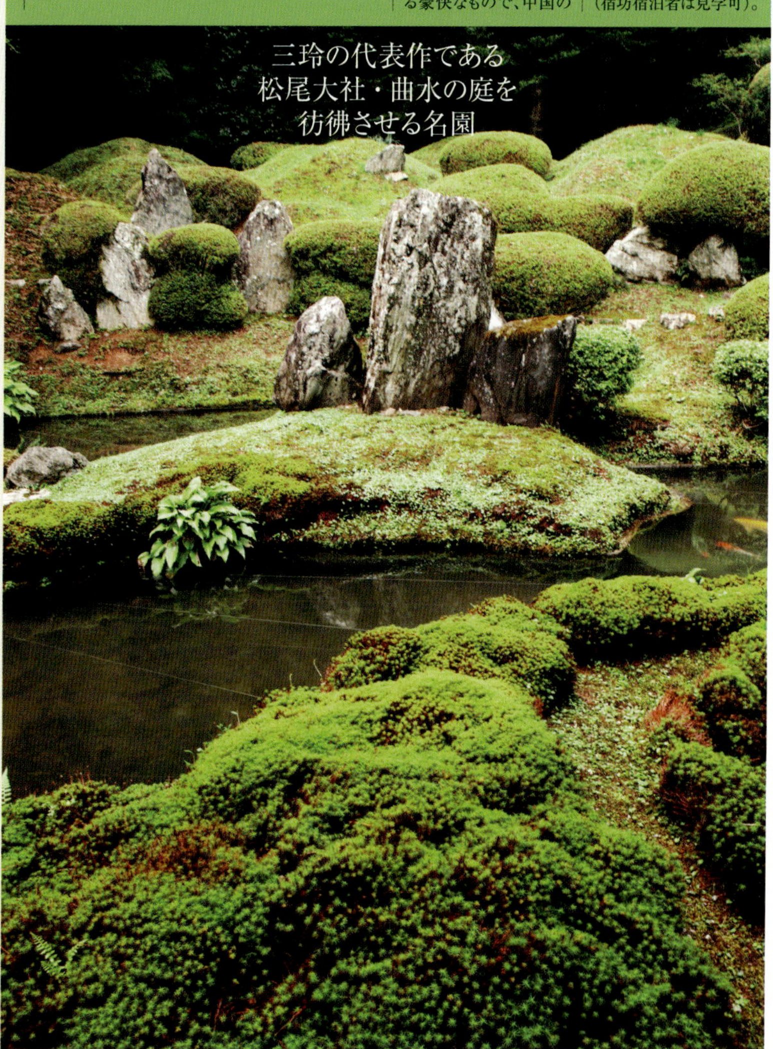

三玲の代表作である
松尾大社・曲水の庭を
彷彿させる名園

1896-1975

重森三玲

しげもりみれい

岡山県出身の作庭家。日本庭園史研究家。日本画を学んだのち、日本庭園を独学。枯山水庭園を得意とする。(写真:重森三玲庭園美術館提供)

徳川家霊台

Keyword no. 060

とくがわけれいだい

高野山と徳川家の ゆかりの深さを 示す霊廟

Tokugawakereidai

徳川家康と2代将軍・秀忠の
菩提を弔うため、
3代将軍・家光が造営した霊台。
建物内部に金箔や漆をふんだんに使った、
江戸時代を代表する
絢爛豪華な霊廟建築である。

きらびやかな内部の装飾

家康霊屋（たまや）の須弥壇と厨子には、金を贅沢に使った蒔絵が施してある。（非公開）

高野山との
縁を深めた
徳川家康

家康は奥之院に越前松平家の石廟を建て、幕府として高野山の寺領2万1千石を認めるなどその関係はつねに良好であったため、諸国の大名家も続々と高野山の各院と師檀関係を結んだ。『徳川家康画像』(東京大学史料編纂所蔵模写)

日光東照宮を
彷彿させる
内部の装飾

徳川家霊台は、諸大名の供養塔が並ぶ奥之院の参道とは離れた、南院(→P146)の裏手に位置している。1643(寛永20)年、3代将軍・家光が大徳院の境内に建立したが、明治時代に大徳院が他の寺院と合併して移転し、霊台だけが残された。徳川家霊台の建物は向かって右側が初代将軍・家康を祀る家康霊屋(たまや)、左側が2代将軍・秀忠を祀る秀忠霊屋である。内部には豪華な須弥壇と厨子が設けられ、壁面や天井まで蒔絵や飾(かざり)金具などの装飾で満たされている。江戸時代を代表する霊廟建築として国の重要文化財に指定されており、日光東照宮を思わせるような美しさだが、内部は通常は非公開である。かつては霊台の境内東端に3代将軍以降の歴代将軍と御三家の尊牌堂(そんぱいどう)があったが、1888(明治21)年に焼失している。

大徳院はもとの名を蓮花院といい、徳川家の始祖である松平親氏(ちかうじ)が室町時代に師檀契約を交わした縁で同家の菩提寺となった。以来、高野山に篤い信仰を寄せていた徳川家と蓮花院とのつながりは深く、同院には歴代徳川将軍はもとより、尾張、紀伊、水戸の御三家など、徳川家にゆかりの人物が多く祀られている。大徳院という名は高野山参詣に訪れた家康によって改められたものといわれており、江戸時代を通じてその名で呼ばれていた。明治に入ると旧名の蓮花院(→P146)に復し、現在は金剛峯寺門前に移転している。

並んで建つふたつの霊屋(たまや)

2棟とも桁行(けたゆき)と梁行(はりゆき)が三間という一重宝形(いちじゅうほうぎょう)造り。

秀忠霊屋(ひでただたまや)(重文)

徳川幕府の基礎を固めた2代将軍

徳川秀忠

1579-1632。家康の三男、江戸幕府の2代将軍。関ヶ原の戦いで遅参し、将軍職を継いでからも駿府の家康に追従していたが、大名を統制し、武家諸法度などの法を整備して江戸幕府の礎を築いた功績を持つ。

家康霊屋(いえやすたまや)(重文)

江戸に幕府を開いた初代将軍

徳川家康

1543-1616。三河岡崎城主・松平広忠の嫡男。桶狭間の戦い以降、織田信長との同盟を守り、信長の死後は豊臣政権下で五大老を務める。秀吉の死後、関ヶ原の戦いに勝利して天下を統一。江戸幕府を開いた。

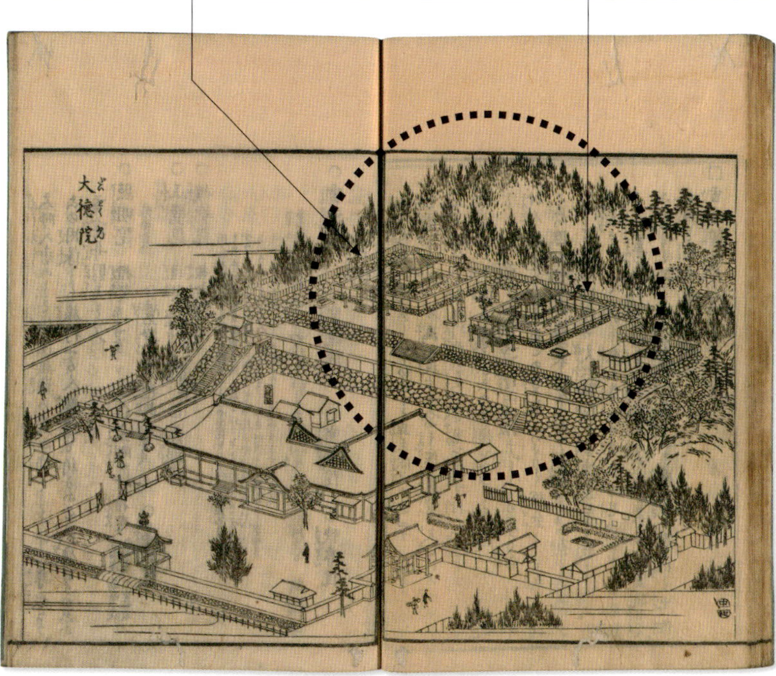

『紀伊國名所圖會』に描かれた大徳院。(国立国会図書館蔵)

Data

徳川家霊台(とくがわけれいだい)

- 和歌山県伊都郡高野町高野山682
- 0736-56-3728 ● 8:30〜17:00(受付は閉所30分前まで)
- 無休 ● 拝観料200円 ● 地図/P244-C2

苅萱堂／苅萱道心

Keyword no. 061

かるかやどう／かるかやどうしん

高野山にまつわる親子の哀話とその舞台として伝わる御堂

平安末期、九州・筑前の苅萱荘(かるかやそう)博多というところに加藤左衛門繁氏(かとうさえもんしげうじ)という領主がいた。すでに妻を持っていたが、父の旧友の遺児・千里(ちさと)の不幸な境遇に同情し、引き取って愛妾(あいしょう)とした。しかし、妻と千里との確執に気づき、無常を感じた繁氏は出奔して高野山で出家する。苅萱の出身であり、蓮華谷に萱葺きの庵（苅萱堂）を結んで修行の日々を送ったことから、いつしか苅萱道心と呼ばれるようになった。

一方、千里は故郷播州(ばんしゅう)で繁氏の子を出産し、石童丸(いしどうまる)と名付けた。石童丸は14歳の頃、父を探すため母を伴って旅に出る。繁氏が高野山にいるとの噂を聞いて向かうが、高野山は女人禁制であったため、やむなく母を麓の学文路(かむろ)の宿に残して一人で山に入った。そして、道中で会った僧に父のことを尋ねる。実はその僧こそが、父の苅萱道心であった。しかし修行の身であった苅萱道心は父とは名乗らず、繁氏はすでに亡くなったと告げる。石童丸は母のもとに戻るが、そこで彼を待っていたのは、母急死の知らせであった。身寄りを失った石童丸はふたたび高野山に入り、苅萱道心の弟子となる。苅萱道心はやはり父であることを名乗らなかったため、ふたりは師弟として苅萱堂でともに暮らしたと伝わる。

物語にちなんだ額絵や地蔵尊が残されている

物語を場面ごとに伝える30枚の額絵が飾られる苅萱堂は興教大師覚鑁上人（こうぎょうだいしかくばんしょうにん）が開いた密厳院（→P147）に属し、堂内には厄除親子地蔵尊が安置してある。

Data

苅萱堂
かるかやどう

- 和歌山県伊都郡高野町高野山478
- 0736-56-2202（密厳院）
- 拝観自由
- 地図／P245-D3

女人道／女人堂 page 140 
慈尊院 136 

高野山に伝わる数々の逸話のひとつ、
苅萱道心と石童丸の物語で知られる苅萱堂。
女人禁制が生んだ哀話を現代に伝えている。

歌舞伎にもなった物語

物語は「苅萱道心筑紫いえづと」という歌舞伎の演目にもなった。『死絵　三代目助高屋高助』に見る苅萱道心と石童丸。(国立劇場蔵)

高野七弁天

Keyword no. 062

こうやしちべんてん

高野山開創に不可欠な水を得るため空海が招いた水を司る神

Chapter 2
Koyasan
Keyword no.

062

その一

嶽弁天社

だけべんてんしゃ

『紀伊國名所圖會』に「空海が末世の福田のために如意珠をこの峰に埋め、宝瓶を安置し天女を勧請し財福を乞うた」と記されている弁天社。

　高野山中にある嶽(だけ)弁天社、門出(かどで)弁天社、祓川(はらいかわ)弁天社、湯屋谷(ゆやだに)弁天社、綱引(つなひき)弁天社、尾先(おざき)・剣先(けんさき)弁天社、丸山弁天社を、通称“高野七弁天”と呼ぶ。空海が高野山を開く際、水の確保を第一として、山内の主要な水源に水を司る神・弁財天を勧請したのが始まりだという。

　空海が高野山の地形を「東西に龍が臥せている」と表現したことから、龍の頭部に嶽弁財天、尻尾の先端部に尾先弁財天が祀られているというが、他の五つの弁天社は龍のどこにもあたらない。また、いつから七弁天と呼ばれ始めたのかなど、いまだ謂(いわ)れの分かっていないことが多い。妙音坊(みょうおんぼう)という天狗が守護していたと伝わる嶽弁天社、空海が払い浄めた祓川のそばに建てられた祓川弁天社など、それぞれに興味深い逸話もある。

時代や資料で異なる七弁天の数え方

尾先(おざき)弁天社と剣先(けんさき)弁天社の関係

一乗院（→P146）門前の尾先弁天社は、蓮花院（→P146）裏山の剣先弁天社を参拝しやすいようにつくられた遥拝所（ようはいじょ）であるという説がある。弁天社にも変遷があり、どれをもって七弁天と数えるかは時代や資料によって異なる。右は剣先弁財天を描いた、蓮花院の御朱印。

page

須弥山 — 72

空海の伝説 — 164

高野山内には、通称“高野七弁天”と呼ばれる
七つの弁天社が存在する。
空海が山内の水源に祀ったのが始まりとされ、
七弁天のおかげで、高野山は豊かな水に恵まれている。

その二
門出弁天社
かどでべんてんしゃ

『紀伊國名所圖會』で旅の道中安全にご利益があると記されている。

その四
湯屋谷弁天社
ゆやだにべんてんしゃ

かつて、湯屋があった湯屋谷(現·愛宕谷の南)という谷に祀られていた。

その六
尾先弁天社
おざきべんてんしゃ

一乗院の門前にある。蓮花院裏山の剣先弁天社と同じご神体を祀る。

その三
祓川弁天社
はらいかわべんてんしゃ

空海がこの地の魔障の難を払い浄め、鎮守として弁財天を勧請した。

その五
綱引弁天社
つなひきべんてんしゃ

高野山が衰退した際、この弁財天が舟に財宝を載せて引いてきたという。

その七
丸山弁天社
まるやまべんてんしゃ

円山に祀られた弁財天。空海が天女と十五童子を勧請したのが始まり。

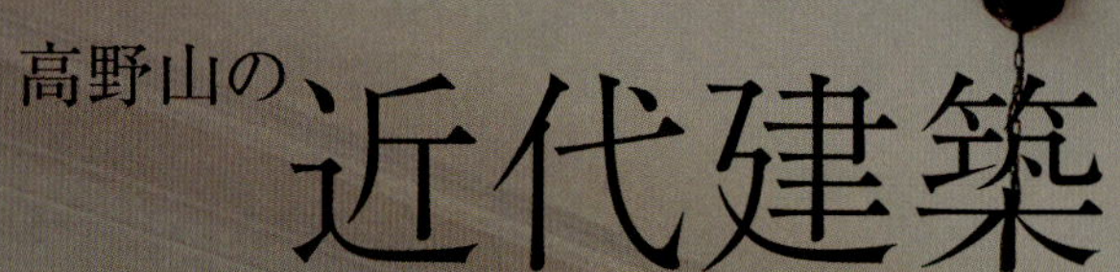

高野山の近代建築

Keyword no. 063

こうやさんのきんだいけんちく

明治から昭和初期にかけての姿をとどめる希少な建築物

Chapter 2 Koyasan Keyword no.

063

Modern Architecture in Koyasan

←エントランス部分のアーチや階段の手すり、窓などの意匠が特徴的な造り。

高野山で明治から昭和初期にかけて
建てられた近代建築で、
現存するものは少ない。
その希少な遺産を訪ね歩けば、
高野山の違った顔が見えてくる。

高野山大学図書館

こうやさんだいがくとしょかん

1929(昭和4)年に建設された鉄筋コンクリート3階建て(書庫は5階建て)の建物は高野山で初めての西洋建築であり、完成した当時は"東洋一の図書館"と称された。設計は、日本にアール・ヌーヴォー建築を紹介し"関西近代建築の父"と呼ばれた京都帝国大学教授・武田五一。吹き抜けの閲覧室では扁平ヴォールト天井を支える梁が描く曲線がたいへん美しい。1998(平成10)年に登録有形文化財となった。

武田五一
1872-1938

広島県出身の建築家。ヨーロッパ留学を経て、アール・ヌーヴォーなどの新建築を日本に紹介。(写真:京都大学大学文書館提供)

Data

- 和歌山県伊都郡高野町高野山385
- 0736-56-3835
- 入館には事前申請が必要
- 地図/P244-C3

↑白を基調とし、
扁平ヴォールト天井が印象的な
閲覧室は開放的な空間。

高野山霊宝館

こうやさんれいほうかん

自然災害や明治時代の廃仏毀釈などで、優れた文化遺産を焼失、散逸させてきた高野山で1921（大正10）年、文化遺産保護を目的に開設された。設計は、日光東照宮の修復を手がけた大江新太郎で、木造の博物館建築物としては日本最古のもの。紫雲殿、宝蔵、放光閣などからなり、宝蔵のみが鉄筋コンクリート造りで他は木造である。正殿にあたる紫雲殿は単層切妻造り。1998（平成10）年に登録有形文化財となった。

↑京都の平等院鳳凰堂をモデルにした設計で、三つの主要部を四つの廊下が結ぶ。（写真：和歌山大学紀州経済史文化史研究所提供）

大江新太郎

1879-1935

京都府出身の建築家。内務省技師。日光東照宮の修復や明治神宮宝物殿、神田明神の建築も手がけた。（写真：大江建築アトリエ提供）

Data

- 和歌山県伊都郡高野町高野山306
- 0736-56-2029
- 8:30～17:30、11～4月は～17:00（最終入館は各30分前）
- 無休 ● 拝観料600円 ● 地図／P244-B3

橋本警察署 高野幹部交番

はしもとけいさつしょこうやかんぶこうばん

1921（大正10）年建設。設計は和歌山県の建築技師・松田茂樹、建設は高野山の宮大工・辻本彦兵衛。木造2階建てで、銅板葺きの屋根は切妻、正面には千鳥破風（ちどりはふ）などの典型的な社寺建築の特徴が見られる。2005年（平成17年）に登録有形文化財となった。

社寺独特の建築手法を随所に用いている。現在も交番として機能しており、内部の見学は不可。

Data

- 和歌山県伊都郡高野町高野山638
- 0736-56-2436
- 地図／P244-C2

高野山駅舎

こうやさんえきしゃ

1930（昭和5）年開業。木造2階建てのモルタル塗りで、宝形（ほうぎょう）造りの屋根の頂部に水煙を表す宝珠を載せるなど、高野山らしい趣向が見られる。2005（平成17）年に登録有形文化財となった。下の写真は1960年撮影の駅前の様子。送迎用馬車が走っている。（写真：読売新聞社提供）

→開創1200年記念法会に合わせ現在改修中。開業時の外観復元を目指す。（写真：南海電鉄提供）

Data

- 和歌山県伊都郡高野町高野山国有林
- 0736-56-2305
- 地図／P134-A2

高野山大師教会 大講堂

こうやさんだいしきょうかいだいこうどう

高野山の宗教活動の中心である大師教会の講堂で、本尊に弘法大師像、脇侍（きょうじ）として愛染明王像と不動明王像を祀る。大正4（1915）年に高野山開創1100年記念として建設され、1996（平成8）年に檜皮葺きの屋根を銅板葺きにつくり直した。正面には唐破風（からはふ）を設けている。

高野山大師教会は全国の金剛講支部、大師教会支部などを取りまとめている。

Data

- 和歌山県高野町高野山347
- 0736-56-2015
- 8:30～17:00　● 無休
- 拝観無料
- 地図／P244-C3

珠数屋四郎兵衛

じゅずやしろべえ

元禄年間創業の仏具販売店で、現在の建物は1933（昭和8）年に地元大工の阪田平造によって建てられた。入母屋（いりもや）造りの木造2階建てに銅板葺き屋根、正面2階中央には唐破風（からはふ）を設けている。2005（平成17）年に登録有形文化財となった。

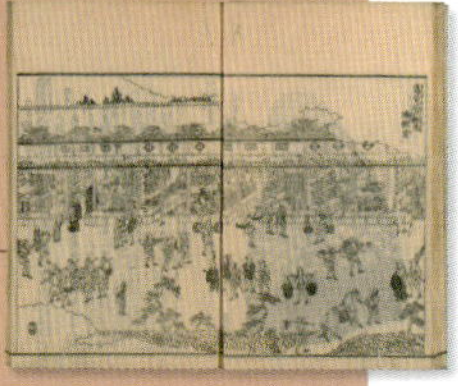

→江戸時代の珠数屋四郎兵衛。『紀伊國名所圖會』より（国立国会図書館蔵）

Data

- 和歌山県伊都郡高野町高野山771
- 0736-56-2121
- 7:30～20:00　● 無休
- 地図／P244-C3

衆生を救うため、
平安の世に現れた
偉大なる宗教家

KOYASAN Insight Guide Chapter 3

第三章 空海の足跡

Kukai's Life

日本仏教に大きな功績を残す空海は、
その生い立ちから神秘的だ。
空海が多方面で発揮した超人的な才能は
普遍の輝きを放ち、今なお我々を導き、
魅了し続ける。

奥之院の参道にて。弘法大師・空海は即身成仏を果たし、現在は兜率天（とそつてん）で我々を見守り続ける。

空海の伝説

Keyword no. 064

くうかいのでんせつ

自ら道を切り拓き、衆生救済に生きた超人的ゼネラリスト

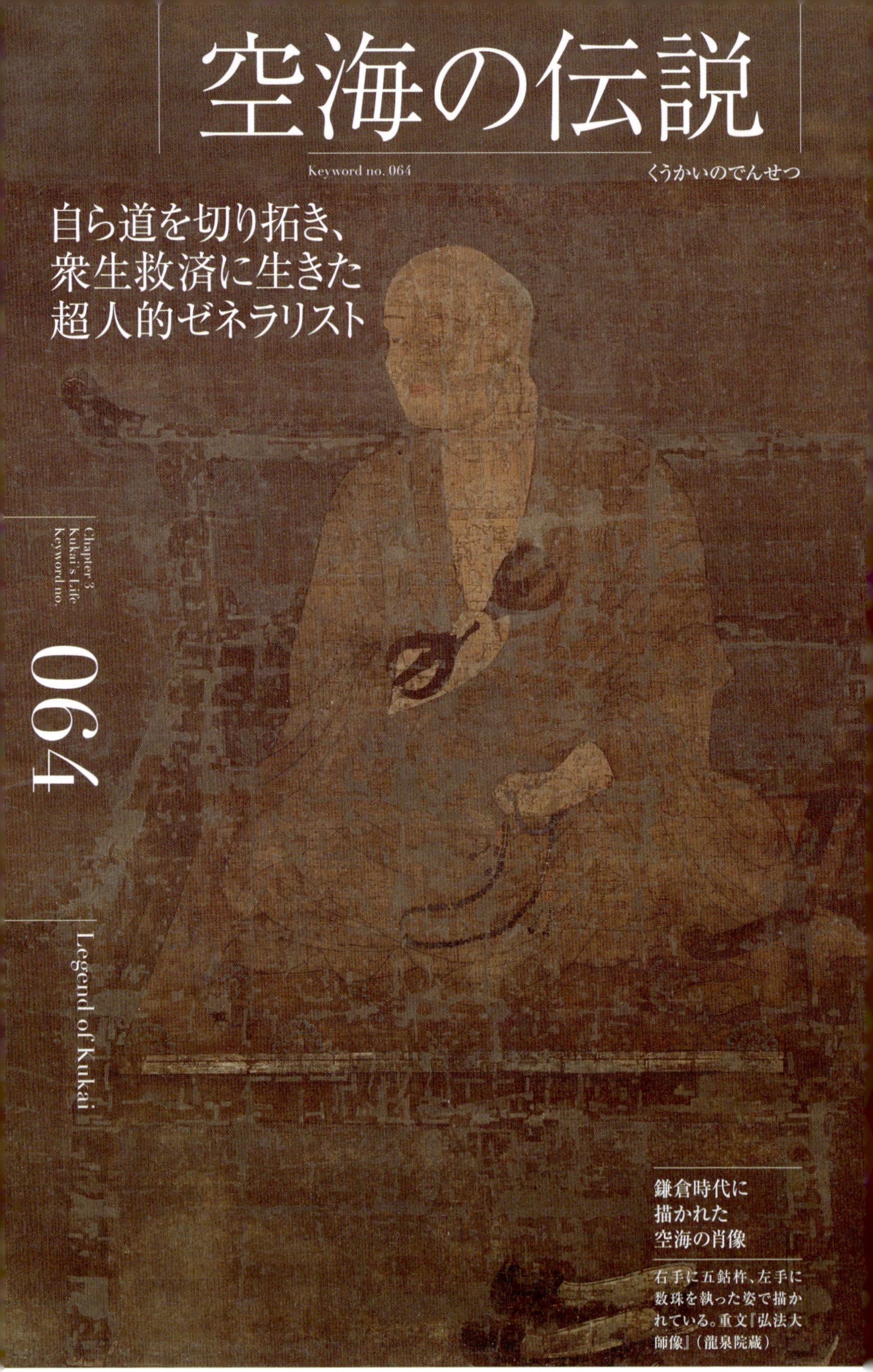

Chapter 3
Kukai's Life
Keyword no.

064

Legend of Kukai

鎌倉時代に描かれた空海の肖像

右手に五鈷杵、左手に数珠を執った姿で描かれている。重文『弘法大師像』(龍泉院蔵)

*空海の年譜はカバー参照

語学、文学、書道に土木技術——
空海の天与の才はいずれも超一流のものであった。
それらすべてを宗教家として活用した空海。
その功績は数々の奇跡として
今に語り継がれている。

室町時代に
描かれた
子ども時代の姿

蓮華座に座し、両手を合わせた聡明な姿が描かれている。『稚児大師像』（正智院蔵）

空海の伝記に記された奇跡が示すもの

空海には数多くの伝説が残されている。なかには、枯地に水や温泉を湧かせたり、空を飛んだりといった超人的な話も多い。多少の脚色もあるにせよ、そこには人々の弘法大師・空海への信仰と親しみが込められている。

空海に関する最初の記述は、869（貞観11）年に書かれた朝廷の正史『続日本後記』の空海卒伝である。空海の略歴や、虚空蔵求聞持法（こくうぞうぐもんじほう）を伝授され、室戸岬でこれを修した話などが記され、空海の伝説がここから始まっていることが分かる。真言宗には895（寛平7）年に成立した空海伝『贈大僧正空海和上伝記』（ぞうだいそうじょうくうかいわじょうでんき）や、神秘的な伝承を数多く含む『弘法大師二十五箇条遺告』（ゆいごう）（『御遺告』）などが伝わる。鎌倉時代には、空海の生涯を絵画と詞書で表した絵巻がさかんにつくられ、日本各地で魔物を封じ、人々を救済する空海の姿が描かれた。

入唐（にっとう）からわずか半年で密教の継承者となったこと、独自の思想を完成させ、厖大な著書を記したことなどは、歴史に残された事実だ。その功績に鑑みれば、これらの伝説も空海の足跡や人柄を示すものとして浮かび上がってくる。

『金銅三鈷杵（さんこしょ）（飛行（ひぎょう）三鈷杵）』
重文

空海が唐の明州という港から投げ、高野山の松の木にかかっていた三鈷杵といわれ、金剛峯寺の宝庫で今も大切に保管されている。（金剛峯寺蔵）

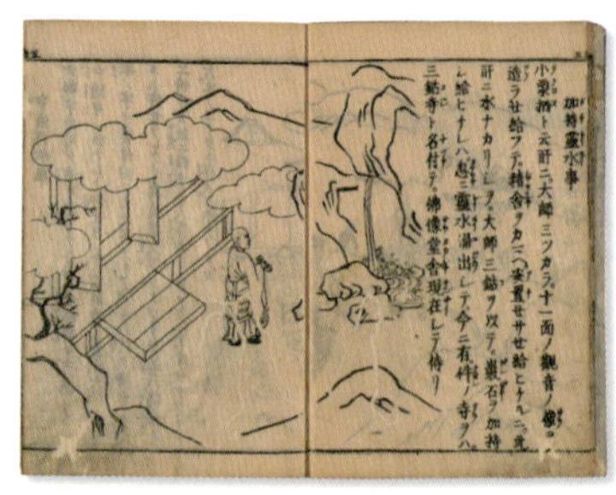

数々の奇跡の一例
「加持霊水事（かじれいすいのこと）」

水の便が悪かった小栗栖で、空海が加持すると水が湧き出た。『高野大師行状図絵』より（国立国会図書館蔵）

Keyword no. 065

真魚

まお

多布度物として大切にされた神童

子ども時代の空海を描いた『稚児大師像』

この頃の逸話として、朝廷が派遣した役人が四天王を従えた真魚を見て驚き、すぐさま下馬して合掌礼拝したというものもある。（正智院蔵）

空海は、774（宝亀5）年6月15日、讃岐国多度郡屏風ヶ浦（現・香川県善通寺市）で郡司の一族に生まれた。

空海にはその誕生から仏縁の深さを思わせる数々の伝説が残されている。ある夜、空海の母・玉依御前はインドの聖人が懐に入る夢を見て懐妊した。それから12か月後、合掌をしながら生まれたのが空海であった。幼名を真魚と名付けられた空海は5、6歳の頃から、周りの子どもたちと走り回って遊ぶより、粘土をこねて仏をつくっては草葺きの小屋で礼拝するのが好きであったという。両親は真魚を"多布度物（＝貴物）"と呼んで大切に育てていたことが、空海伝のひとつ『御遺告』に書かれている。

Keyword no. 066

捨身誓願

しゃしんせいがん

仏法の道に生きることを命を懸けて仏に問う

『高野大師行状図画』第一巻「誓願捨身事」重文

身を投げた真魚を天女が救うところ。成長した空海は、捨身ヶ嶽の山頂で虚空蔵菩薩像を刻んで安置した。（地蔵院蔵）

空海は7歳の頃、讃岐の国の倭斬濃山（現在の我拝師山）の頂から谷底をめがけ、願を掛けて飛び降りた。「私は仏門に入り、困っている人を救いたい。願いが叶うならば、お救いください」。すると天女が舞い降りて空海を受け止めたという。空海はこれを3回くり返し、3度とも救われた。倭斬濃山はこのことから別名、捨身ヶ嶽と呼ばれるようになった。

空海の父・佐伯直田公は郡司、母は中央でも勢力をもっていた阿刀氏出身の玉依御前である。信心深い家であったため、空海も幼い頃から仏教に触れ、魅了されていたと考えられる。将来は役人の道を期待されることが分かっていた空海は、誓願の成就を喜び、仏教の勉強にますます励んだという。

067 明星来影

みょうじょうらいえい

親王院本『高野大師行状図画』「明星入口」より

場面右には、空海が自分の口の中に飛び込んできた明星を吐き出し、それが海中で輝いている様子が描かれている。(親王院蔵)

菩薩の化現、明星が口に飛び込む神秘体験

将来を嘱望された空海は、儒学者であるおじ・阿刀大足の手引きによって15歳で都に上り、18歳で大学に入学する。しかし、暗記を中心とした出世のための勉強に疑問を感じるようになり、たびたび奈良の大安寺の勤操のもとを訪れては、仏教についての話を聞いていたとされる。

そして2年ほどで大学を去り、四国各地を巡る修行の旅に出た。この旅については多くの伝説が残されている。そのひとつが明星来影である。

空海が土佐の室戸岬で虚空蔵求聞持法という荒行を一心に修していると、空から明星が飛来して、口の中に飛び込んだ。その明星を海に向かって吐き出すと、光は海に沈み、いつまでも明るく輝いていた。明星は虚空蔵菩薩の化現であり、空海は虚空蔵菩薩と一体になる体験をした。このときの体験を、空海は自身の著書『三教指帰』の中で、「谷響きを惜しまず、明星来影す」と述べている。

このときの修行の旅では、空海はほかにいくつもの神秘体験をしたという。阿波の大瀧嶽では、空海が山中で虚空蔵求聞持法を修していると、雲に乗った宝剣が飛来した。また室戸岬では、修行を妨げようとして海から現れた毒龍や大蛇ら異形の生類に対し、空海が一心不乱に呪文を唱えそれらを退散させた。また室戸岬の近隣にある金剛定寺(現在の金剛頂寺)では、夜ごと現れる天狗と問答して駆逐した。そして自分の真影を楠の大木に留めたという話が伝わっている。

洞窟の先には空と海が広がるばかり

室戸岬。空海は洞窟で修行しながら、空と海を見つめ続けた。

Keyword no.

068 阿刀大足

生没年不詳

あとのおおたり

おじを頼って都の大学で学ぶ

阿刀大足は15歳の空海を連れて都に上った。空海は18歳で大学の明経科に入る。右の場面は味酒浄成(うまざけのきよなり)から、左は岡田博士(おかだのはかせ)から中国古典を学んでいるところ。親王院本『高野大師行状図画』「明敏篤学」より(親王院蔵)

空海を都へ呼び寄せ教育を授けたおじ

母方のおじ・阿刀大足は、桓武天皇の皇子である伊予親王の個人教授を務めていた人物。若き日の空海を長岡京へ呼び寄せ、3年間、論語や史伝などを厳しく教え込んだ。のちに漢語の深い理解と博学で知られた空海の基盤は、このときに培われた。

Keyword no.

069 勤操

758-827

ごんぞう

空海を本格的な仏法の道へと導いた僧

奈良・大安寺(だいあんじ)で出家し、三論(さんろん)を学んだ高僧。空海の才能をいち早く見抜き、仏門への道を開いた。大阪府にある槇尾山(まきのおさん)施福寺は、空海が勤操について出家得度した寺として伝わる。空海に虚空蔵求聞持法(こくうぞうぐもんじほう)を授けた人物ともいわれるが、近年では大安寺の別の僧であったという説が有力。造東寺別当、造西寺別当を務めた。827(天長4)年の没後には僧正位が追贈された。

国宝『勤操僧正』(普門院蔵)

入唐求法

Keyword no. 070

にっとうぐほう

大日経を理解するため、遣唐使船で唐に渡る

070

Nittoguho

真理のために
31歳で唐を目指した空海は、
出発間近の遣唐使船に乗り込むため
急遽、正式に僧となり、
留学生の資格を得た。
船は嵐に遭うも、
ついに唐へとたどり着く。

空海

四国の山々で修行を重ね、虚空蔵求聞持法を修した空海は、さらに数々の経典を読み漁ったが、真理にたどり着くことはできなかった。夢のお告げに従い、奈良の久米寺に向かうと、密教の経典である大日経に出会った。ただしその内容は、読むだけで理解できるものではなかった。それでも空海は「大日経に説かれる密教の中にこそ真理があるに違いない」と感じ取り、ここに唐に渡る決心をしたという。

そんなとき、都では折よく26年ぶりとなる遣唐使の派遣が決定された。それまで公の許可を得ずに出家した僧、私度僧であった空海は、直前に東大寺の戒壇院で受戒して正式な僧となり、遣唐使船に留学僧として同乗する資格を得た。参加には莫大な費用もかかるが、一介の修行僧に過ぎなかった空海がなぜ国家を代表する留学僧として遣唐使船に乗り込むことができたのかは、空海にまつわる大きな謎のひとつである。いずれにせよ、804(延暦23)年、遣唐使船に乗って唐に渡ったことにより、空海の人生はいよいよ華開いていく。

空海の入唐ルート

明州から大きくルートをはずした空海たち一行は、水路・陸路を進み、804年12月、ようやく唐の都・長安に入る。出発から約半年の月日が経っていた。

嵐に遭遇した困難な船旅

重文『高野大師行状図画』第二巻「大師御入唐事」より。空海が乗った遣唐使船。当時は船も小さく、嵐で遭難することも多かったため決死の旅であった。804(延暦23)年の遣唐使船も、4隻のうち2隻しか唐にたどり着いていない。(地蔵院蔵)

page
両部の大経 — 69　空海の伝説 — 164　四国八十八ヶ所 — 188　青龍寺 — 172　最澄 — 184

青龍寺

Keyword no. 071

しょうりゅうじ

入唐した空海が密教のすべてを伝授された寺

入唐後、空海はまず長安の西明寺に住み、インドの僧・般若三蔵や牟尼室利三蔵から密教を理解するためのサンスクリット語を学び、わずか3か月で修得した。この間にバラモン哲学や景教（キリスト教ネストリウス派）、ゾロアスター教、マニ教、イスラム教などの宗教も徹底的に学んだことで、長安でも空海の聡明さが知られることとなる。

そして、805（延暦24）年5月、空海は密教の根本道場・青龍寺を訪れ、密教の正式な伝承者である恵果阿闍梨に面会した。恵果は「あなたが現れることは知っていた。さっそく取りかかろう」と、1000人以上いた弟子を差し置き、空海に密教のすべてを伝授することを約束する。空海はまさに異例のスピードで密教を体得し、6月には胎蔵界の灌頂を、7月には金剛界の灌頂を授けられた。そして8月には伝法灌頂を授けられ、密教の正式な後継者として恵果から阿闍梨位を継承する。

こうして空海は、異国の僧がたった3か月

『真言八祖像』より 恵果 部分

大日経、金剛頂経を両部の大経という根本的な教義として確立。（東京国立博物館蔵 Image: TNM Image Archives）

page
入唐求法 — 170 
真言八祖 — 34 
灌頂 — 68 
五智如来 — 17 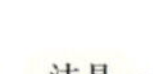
法具 — 60

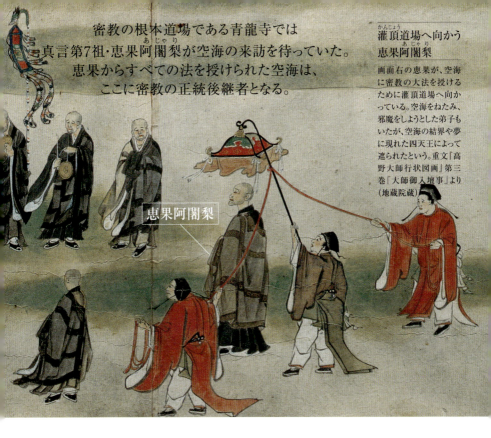

密教の根本道場である青龍寺では
真言第7祖・恵果阿闍梨が空海の来訪を待っていた。
恵果からすべての法を授けられた空海は、
ここに密教の正統後継者となる。

灌頂道場へ向かう恵果阿闍梨

画面右の恵果が、空海に密教の大法を授けるために灌頂道場へ向かっている。空海をねたみ、邪魔をしようとした弟子もいたが、空海の結界や夢に現れた四天王によって遮られたという。重文『高野大師行状図画』第三巻「大師御入壇事」より(地蔵院蔵)

恵果阿闍梨

にして大日如来から数えて8代目の密教の祖師となるという、奇跡のような偉業を成し遂げたのである。このとき、空海は恵果から、遍く世界を照らす大日如来とひとつになった密教の師を意味する遍照金剛の灌頂名を授けられた。また、真言密教を伝えるのに欠かせないものとして、画工10人余りに描かせた仏画や、20人余りの写経生に写させた経典、鋳物師につくらせた数々の貴重な法具なども託されたという。空海にすべてを委ねた恵果は急速に体力を失い、空海に「このうえは一刻も早く祖国に戻り、密教を伝えよ」と言い残して12月に入滅。空海は師の言葉どおり、入唐から2年で帰国した。

Data

青龍寺
しょうりゅうじ

隋の時代に霊感寺として創建。唐の時代に廃寺となる。青龍寺の遺構は1984(昭和59)年に恵果空海記念堂として復元された。四国八十八ヶ所の0番札所とされている。

- 陝西省西安市西影路鉄炉廟一村1号
- +86(0)29 8552 1498
- 8:30〜18:00(季節により異なる)
- 無休
- 拝観料10〜12元(季節により異なる)

著書

Keyword no. 072

ちょしょ

“天才”空海の素顔を伝える作品群

空海は実に多くの著書を残している。作品は密教関係にとどまらず、詩文、戯曲、文芸評論、密教の祖師の伝記から、日本初の漢字辞典やサンスクリット語の解説書などの語学書まで幅広い。それぞれ後世に大きな影響を与えた完成度の高い内容であり、現代の私たちに空海の桁外れに豊かな才能を伝える重要な資料となっている。

著書に見られる空海の日本人離れした漢文の美しさは、若い頃に大学の明経（みょうぎょう）科で猛勉強したことが基盤となっている。また空海の博識は、密教の包括的な性格にも通じているといえるだろう。

空海が素養を大切にしたことは、828（天長5）年、わが国で初めて綜藝種智院という庶民のための学校を開いたことにも見て取れる。空海はこの学校に入学してきた者たちに、仏教に限

入定 page  192
入唐求法  170
即身成仏 68
『秘密曼荼羅十住心論』 177

空海が優れた思想家であり、
文筆家であり、
言語学者であったということは、
彼が遺した厖大な著書から
知ることができる。

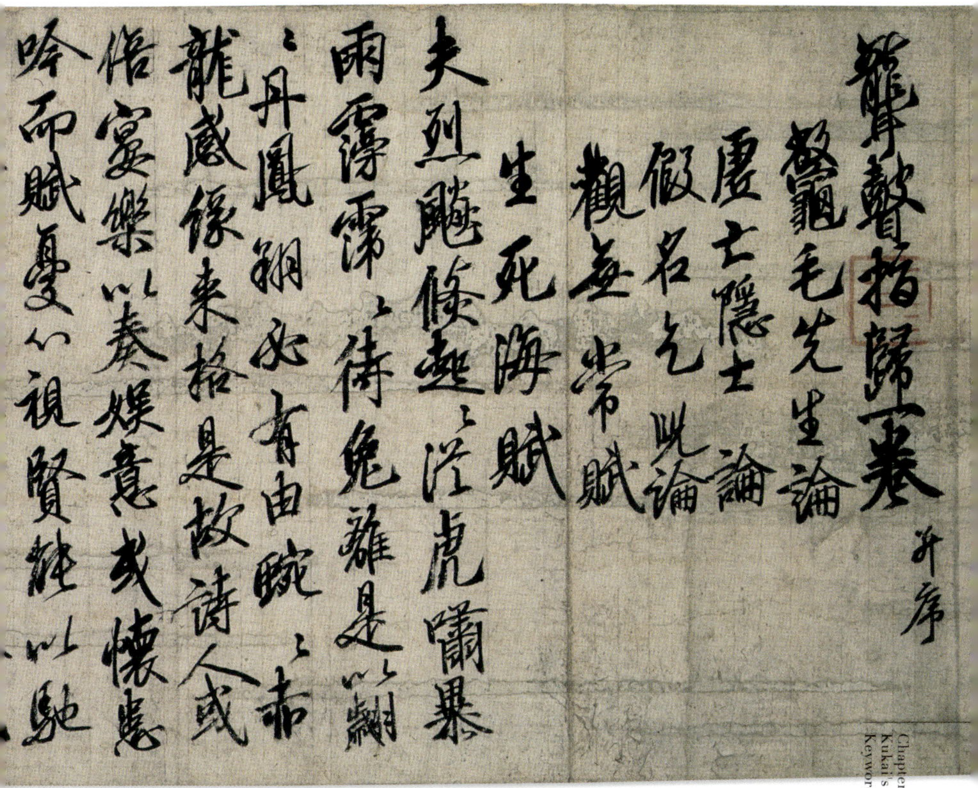

国宝『聾瞽指帰（ろうこしいき）』上巻巻首（金剛峯寺蔵）→P176

Chapter 3 Kukai's Life Keyword no.

072

Writings

らず道教や儒教などを総合的に学ばせた。また、身分や貧富によって入学の制限を設けなかったというのは、あらゆる人やものを差別せず、一切のものにかけがえのない価値を認めようとする、密教の思想に基づくものであった。綜藝種智院は空海の入定後まもなく廃校となったが、空海の壮大な思想と高い理想の一端を表したものといえるだろう。

密教に関わる著書は、唐で学んだことに加え空海がたどり着いた世界観を含む独自の密教体系について記されおり、空海が確立した真言密教を知る援（たす）けになる。なかでも『即身成仏義』をはじめとする3部作や、空海の思想の集大成といわれる『秘密曼荼羅十住心論（じゅうじゅうしんろん）』といった、幅広い視点から密教を論じた著書は、現在でも真言密教の教えの基本とされている。

Keyword no.

073 『聾瞽指帰』

ろうこしいき

『三教指帰』の草稿で出家宣言ともいえる書

さんごうしいき

　若き空海が初めて世に出した著書。空海が大学を辞め仏門に入ることをおじの阿刀大足はじめ親戚縁者に宣言するために著したといわれている。

　儒教、道教、仏教の3教を比較し、いかに仏教が優れているかを説いた書であるが、単なる比較宗教論に留まらない。主人公の兎角公子（とかくこうし）を中心に、儒教、道教、仏教の師と放蕩者の男を登場させて、巧妙な戯曲仕立てで構成している。全体は四六駢儷体（しろくべんれいたい）と呼ばれる美しい漢文体であり、自筆の文字も流麗で、空海の博識と才能が遺憾なく発揮されている。

『聾瞽指帰』
上巻巻首
国宝

まず鼈毛（きぼう）先生が儒教の意義について語り、それを貴いものだとしたうえで、虚亡隠士（きょぶいんし）が道教は儒教をしのぐと説く。最後に、みすぼらしい身なりをした仮名乞児（かめいこつじ）が仏教の貴さを語り、仏教が儒教、道教を上回るものであることを示す。（金剛峯寺蔵）

Keyword no.

074 『三教指帰』

さんごうしいき

『聾瞽指帰』を加筆修正した自伝的戯曲

ろうこしいき

　空海が自らの著書『聾瞽指帰』に加筆修正したもの。一説によれば、空海が唐より帰国後に完成させたといわれている。

　三教とは儒教、道教、仏教のことで、内容は『聾瞽指帰』と同じだが、完成版である『三教指帰』のほうが空海の若き日の代表作として言及されることが多い。

　本文の誤字を訂正したり、序文および巻末にある三教をまとめた十韻の詩が変更されたりしている。序文では虚空蔵求聞持法（こくうぞうぐもんじほう）を修した結果、大学を出て仏道を志すようになったことなど自身の略歴、また仏道への思いなどを書いている。

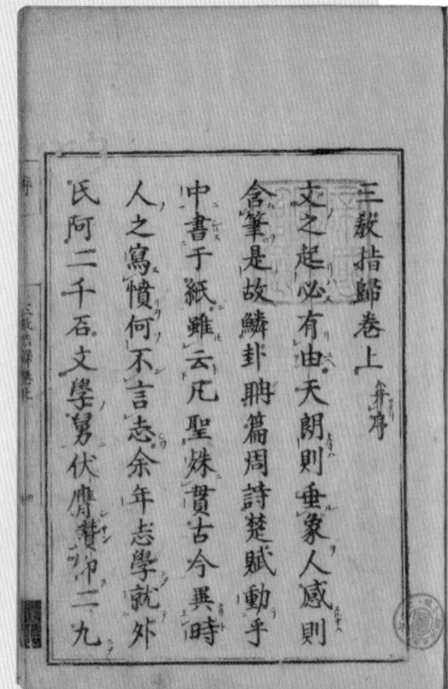

三教指歸巻上　并序
文之起必有由。天朗則垂象人感則
含筆。是故鱗卦聃篇周詩楚賦動乎
中書于紙。雖云凡聖殊貫古今異時
人之寫憤何不言志。余年志學就外
氏阿二千石文學舅伏膺鑽仰二九

1697（元禄10）年
発行の
『三教指帰』

『聾瞽指帰』のように自筆の原文は残されていないが、その文章は空海の思想を知る手がかりとして読みつがれている。（国立国会図書館蔵）

Keyword no.

075 『秘密曼荼羅十住心論』

ひみつまんだらじゅうじゅうしんろん

心の成長段階を解説した空海の思想の集大成

830(天長7)年、淳和(じゅんな)天皇の勅命により、各宗が教義の大綱を朝廷に提出した。本書はそのとき書かれたもので、空海57歳のときの作品である。

人間の心のあり方を10段階に分け、本能にのみ支配される第1住心(じゅうしん)から、悟りに到達する第10住心、すなわち秘密荘厳心に向けての過程を説いている。本書においては、十住心のうち第10住心が密教の悟りであるという解釈と、悟りの境地からは十住心というものはすべて平等であり、第1住心からいきなり第10住心への到達も可能であるという解釈などがあるといわれている。

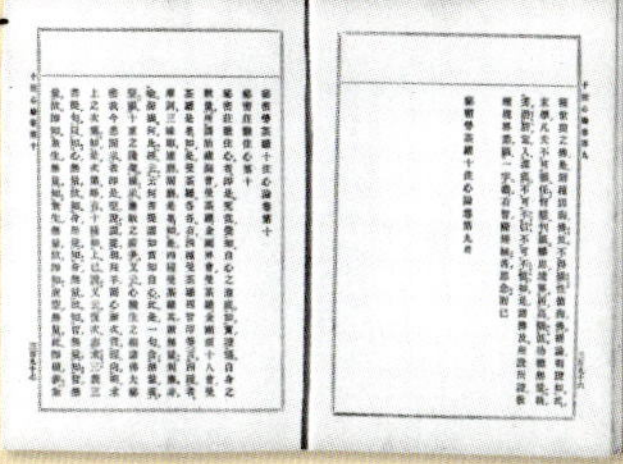

『弘法大師全集』より『秘密曼荼羅十住心論』

1911(明治44)年、祖風宣揚会の編纂で吉川弘文館より発行されたもの。(国立国会図書館蔵)

【心の10段階】 本能にのみ支配される第1住心から究極の悟りを実現する第10住心に至るまでの心の深化や発展を示している。

段階	住心	宗・乗
第10	秘密荘厳心(ひみつしょうごんしん)	真言宗
第9	極無自性心(ごくむじしょうしん)	華厳宗
第8	一道無為心(いちどうむいしん)	天台宗
第7	覚心不生心(かくしんふしょうしん)	三論(さんろん)宗
第6	他縁大乗心(たえんだいじょうしん)	法相(ほっそう)宗
第5	抜業因種心(ばつごういんしゅしん)	縁覚乗(えんがくじょう)
第4	唯蘊無我心(ゆいうんむがしん)	声聞乗(しょうもんじょう)
第3	嬰童無畏心(ようどうむいしん)	天乗(てんじょう)・道教・バラモン教
第2	愚童持斎心(ぐどうじさいしん)	人乗(にんじょう)・儒教
第1	異生羝羊心(いしょうていようしん)	一向行悪行(いっこうぎょうあくぎょう)

Keyword no.

076 十巻章

じっかんしょう

空海の著書を中心とする真言密教の基本書7部10巻

真言密教で特に重要視されている7部10巻を十巻章と呼ぶ。そのうち『即身成仏義』、『声字実相義』、『吽字義』は三部作といわれて最も大切にされている。

十巻章にはこのほか、『秘密曼荼羅十住心論(じゅうじゅうしんろん)』の要旨をまとめた『秘蔵宝鑰(ほうやく)』全3巻、密教と顕教の違いを明らかにした『弁顕密(べんけんみつ)二教論』全2巻、最晩年の著書『般若心経秘鍵(ひけん)』、そしてインドの僧・龍猛(りゅうみょう)、またの名を龍樹(りゅうじゅ)が記した『菩提心論』がある。

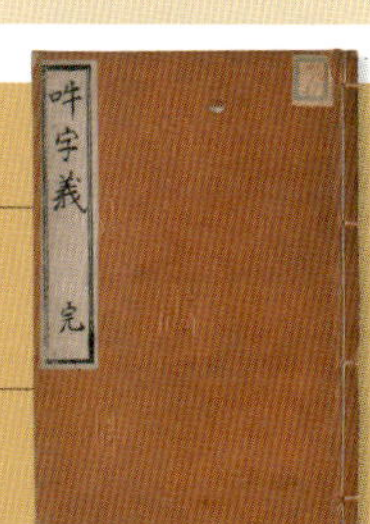

『吽字義(うんじぎ)』

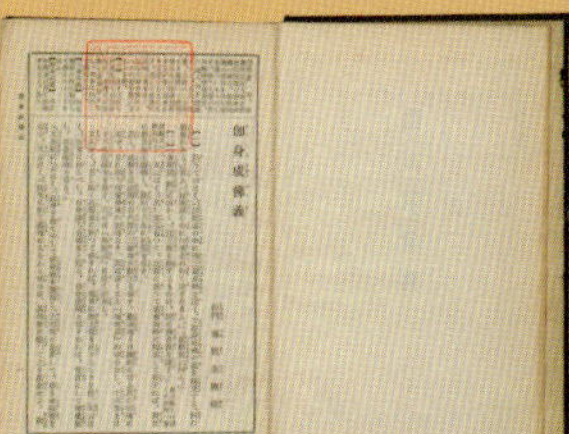

『即身成仏義』

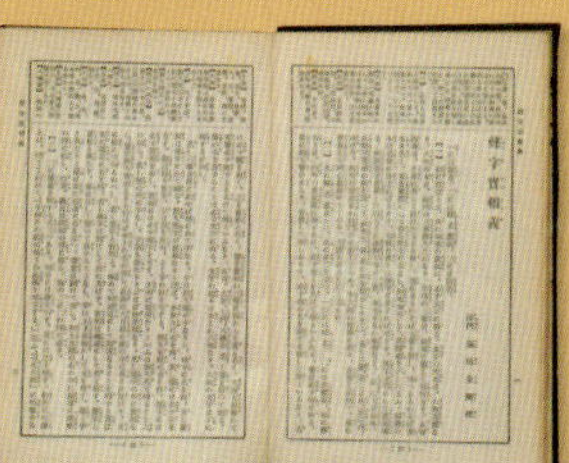

『声字実相義(しょうじじっそうぎ)』

十巻章に含まれる三部作

「この身このままで仏になる」という思想を綴った『即身成仏義』、"声"と"字"がそのまま宇宙の真理である大日如来を表すものであると説く『声字実相義』、梵字の吽という字を字相と字義から解釈した『吽字義』からなり、空海の思想が凝縮されている。(すべて国立国会図書館蔵)

三筆

Keyword no. 077　　さんぴつ

時代に燦然と輝いた書の表現者

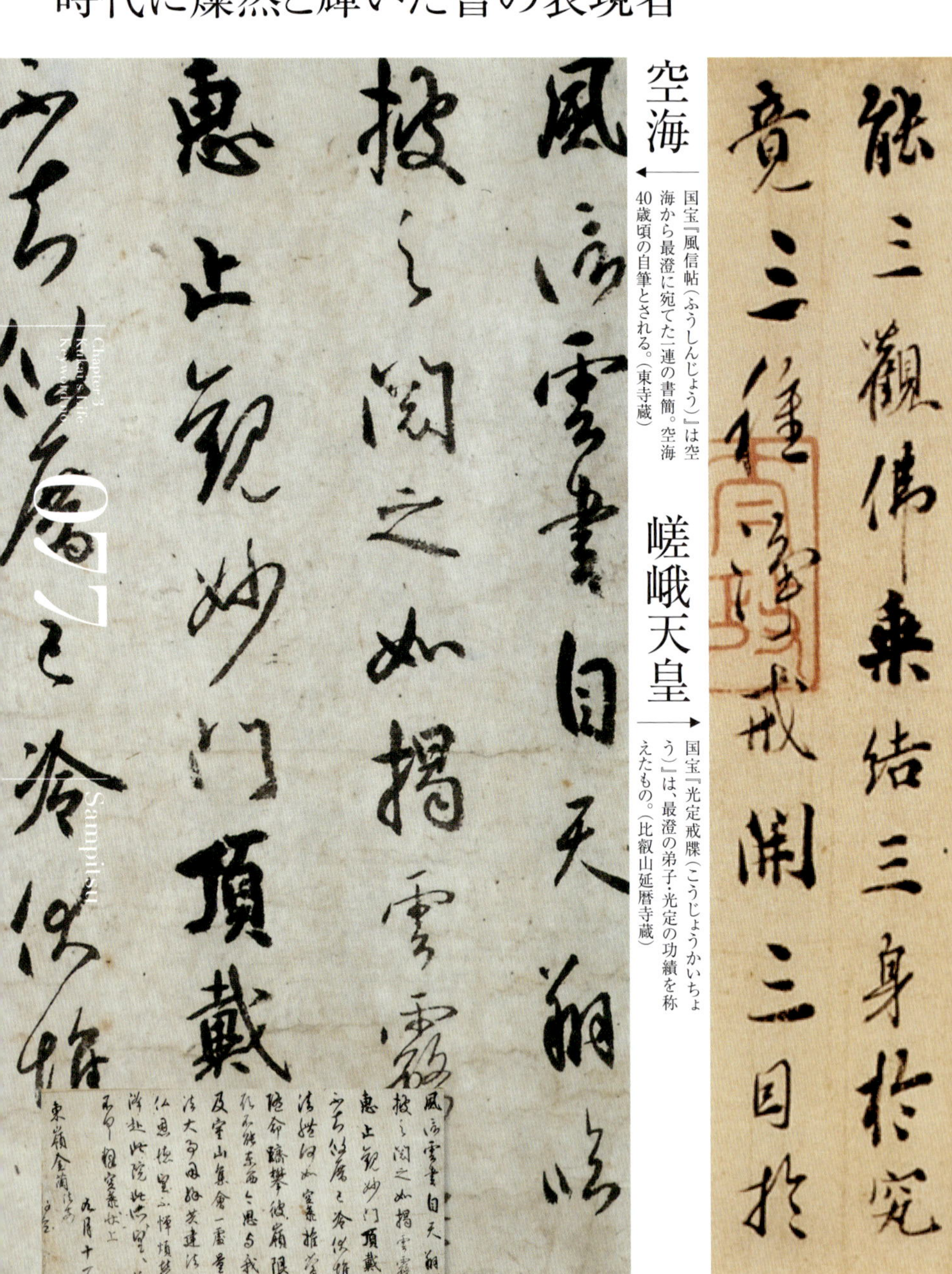

空海

国宝『風信帖（ふうしんじょう）』は空海から最澄に宛てた一連の書簡。空海40歳頃の自筆とされる。（東寺蔵）

嵯峨天皇

国宝『光定戒牒（こうじょうかいちょう）』は、最澄の弟子・光定の功績を称えたもの。（比叡山延暦寺蔵）

ともに唐に渡って最新の書を学び、
感性を磨いた空海と橘逸勢（たちばなのはやなり）、
そして、空海から唐の書を
献上されたといわれる嵯峨天皇。
後世に三筆と呼ばれた
平安時代の能書家が日本書道の基礎を築いた。

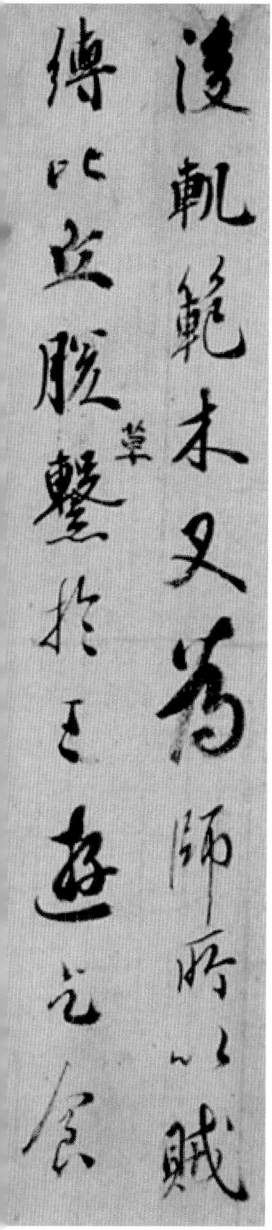

橘逸勢

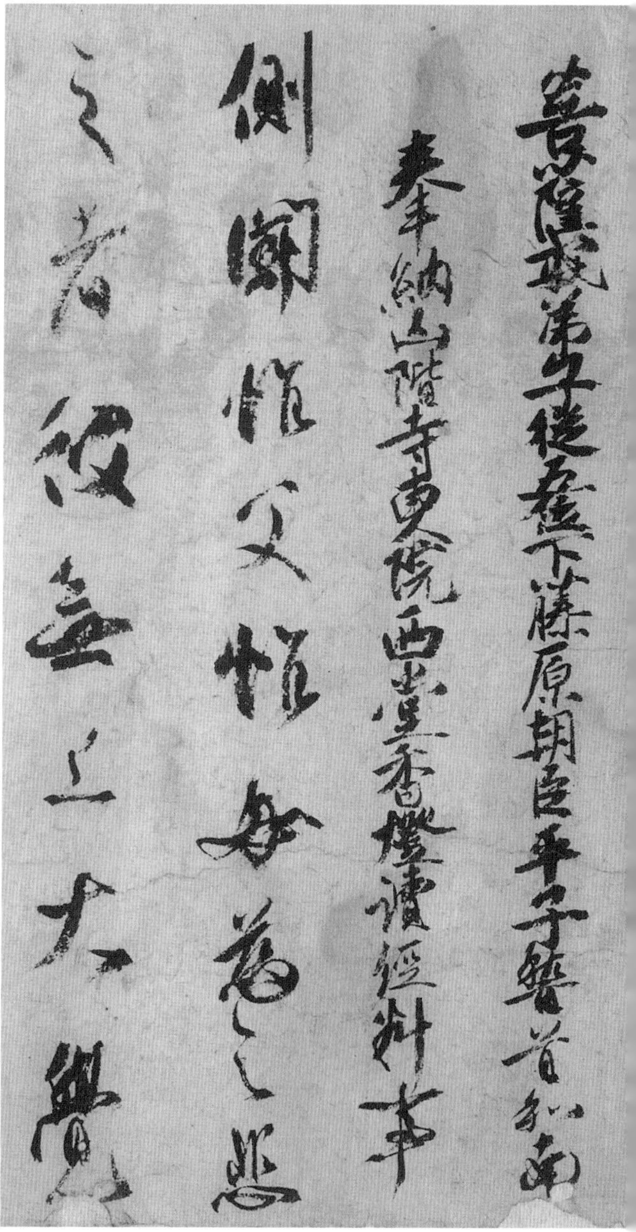

『伊都内親王願文（いとないしんのうがんもん）』は橘逸勢の書と伝えられるが、確証はない。（宮内庁蔵）

唐風から和様への橋渡しをした三筆の書法

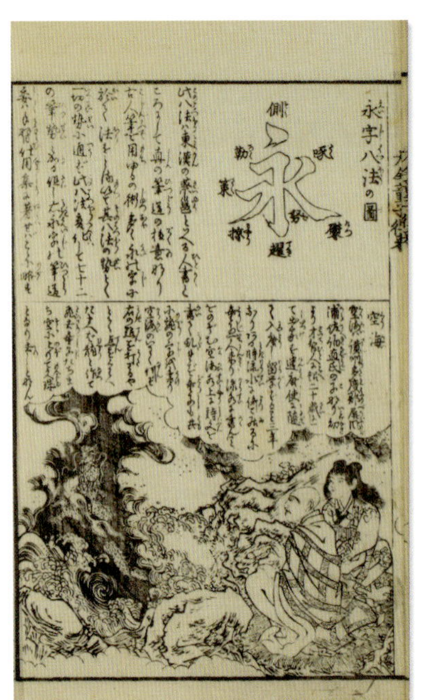

空海についての記述。

弘仁9(818)年、嵯峨天皇は大内裏の九つの門に掛ける額を空海と橘逸勢に書かせ、自らも筆を執った。この3人が後世に謳われる三筆である。

空海が唐から密教とともにさまざまな書体や手法を持ち帰り、日本で初めて表現としての書を広めた功績は大きい。「弘法筆を択ばず」ということわざがあるが、実際は、空海は筆に非常なこだわりを持っていた。『性霊集』によれば、皇太子であった淳和天皇に狸毛の筆を献上した空海はその添え状に「臨池(書道)は字に逐って筆を変す(字を書くときは書体によって用いる筆を替える)」としたためたと記されている。また、紙や墨も研究し、使い分けていたようである。

嵯峨天皇は唐文化を愛し、その御世には宮廷に漢詩や漢文が流行した。書では唐の書家・欧陽詢を好み、『日本紀略』に嵯峨天皇の筆づかいは中国の書聖にも劣らないと称えられた。空海とは書や漢詩を通じて交流し、書風に空海からの影響が認められる。

空海とともに唐に渡り、唐文化を修得した橘逸勢は、中国で"橘秀才"と呼ばれた書の名人であった。逸勢の筆と伝えられる『伊都内親王願文』にも、装飾的な空海書法の影響を見ることができる。

3人とも唐の書を学び、その影響を強く受けていたが、その中から唐風に留まらない独自の書を生み出していた。これがのちに確立される和様へとつながっていく。

『大全新童子往来』に登場した三筆

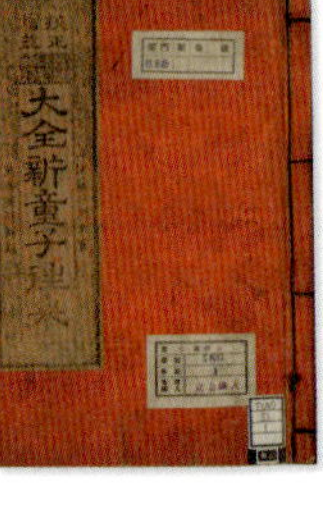

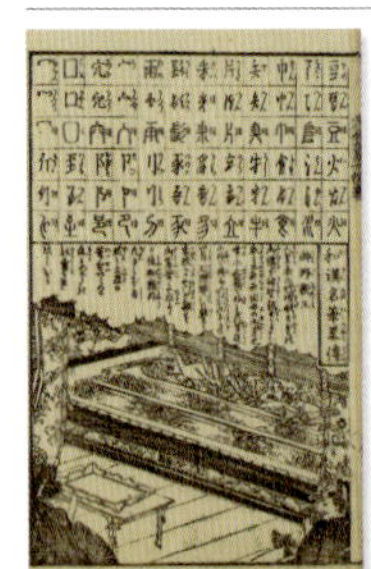

嵯峨天皇(神野親王)の頁。

橘逸勢の紹介。

1851(嘉永4)年発行の教科書『大全新童子往来』に、三筆が登場する。空海は、ある子どもの頼みで水面に書をしたため、子どもが書いた龍の字に点を加えると、字が龍となって空に昇ったという話。神野(かみの)親王(=嵯峨天皇)は「つねに文藻(ぶんそう)を好み、筆道に妙を得た」天皇であったと紹介されている。橘逸勢は、唐で能書家として知られる顔真卿(がんしんけい)に会い、その腕前を称賛されて筆道を伝えられた、と記載されている。(東京学芸大学附属図書館蔵)

page
入唐求法 170
嵯峨天皇 186
空海フォント 182 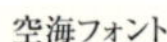
『性霊集』 190 

078 『風信帖』

ふうしんじょう

空海から最澄に宛てた書簡をまとめた書の重要古典

空海の才能をよく表した『風信帖』国宝

3通とも異なる筆法で手紙をしたためている。書道においては必須古典とされているほど有名な書。(東寺蔵)

最澄に送った5通のうち、現存する3通の書簡をまとめたもので、『尺牘（せきとく）三通』または、第1通のはじめに「風信雲書」とあるところから『風信帖』と呼ばれている。1通目では最澄が『摩訶止観（まかしかん）』を送ってきたことに対する礼と、最澄の誘いを受けて比叡山に登りたいがいそがしくて難しいため、自分の寺に来てほしいという願い。2通目は香と手紙を受け取ったが多忙のため返信はあらためて送るという連絡。3通目では自ら延暦寺を訪れることなどを綴っている。当時の空海と最澄の良好な交流を示す歴史的資料であるとともに書としても貴重な作品である。

最澄

空海と同時期に唐で学んだ仏教界のエリート。帰国後は比叡山を拠点に天台宗を開いた。国宝『最澄像』部分(一乗寺蔵)

空海フォント

Keyword no. 079

くうかいふぉんと

空海が日本に紹介した、中国由来の多彩な書体

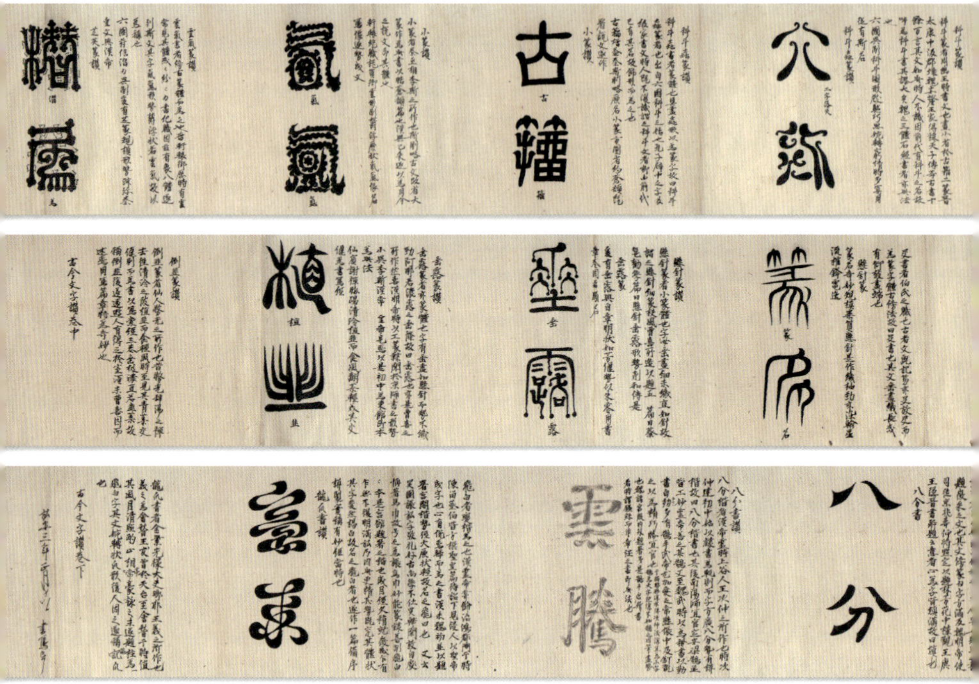

Chapter 3 Kukai's Life Keyword no. 079

Kukai's Font

『性霊集』の中で、814(弘仁5)年に空海が嵯峨天皇に献上したとされる書物のひとつとして「古今文字讃三巻」が記されている。これは、古文篆、籀文篆など21種類の書体について解説した中国の本であり、唐に渡った空海が、密教とともにさまざまな書体を日本に伝えていたことを示している。

空海は"草聖"とも呼ばれるほど、草書を得意としていたことで知られるが、実は当時の日本で、空海ほど多様な書体を自在に使い分け、表現することができた人物はいなかったといわれている。この頃、日本で主流であったのは中国の書聖・王羲之の書法であったが、空海は唐で流行していた顔真卿の書法や、かすれで躍動感をもたせる飛白、さまざまな書体を混ぜる雑体書など、あらゆる新手法を使いこなした。これらデザイン的な書体の数々が、当時の人々をいかに驚かせたかは想像に難くない。

page
入唐求法  170
『性霊集』   190
嵯峨天皇   186

空海が唐から持ち帰ったさまざまな書物は
時代の最先端として注目を集めた。
そのうちのひとつ、『古今文字讃（こきんもじさん）』は
遊び心に満ちた書体集。
ポップで創造性に富むデザインは現代人をも魅了する。

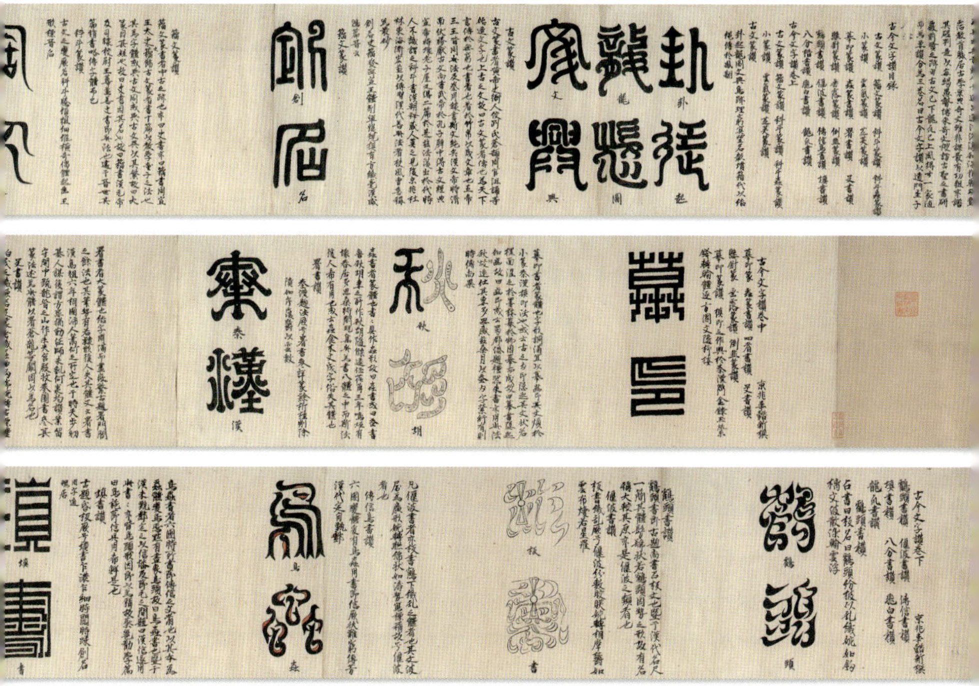

空海が参考にしたダイナミックな書体

↑『古今文字讃』の上巻・中巻・下巻。21種類の書体が、創作者や由来、用例とともに解説されている。（人間文化研究機構国立国語研究所蔵）

『大和州益田池碑銘並序（ならびにじょ）』部分
重文

↓数種の雑体と篆（てん）書・隷（れい）書・楷書・行書・草書の5書体が混ざっている。（釈迦文院蔵）

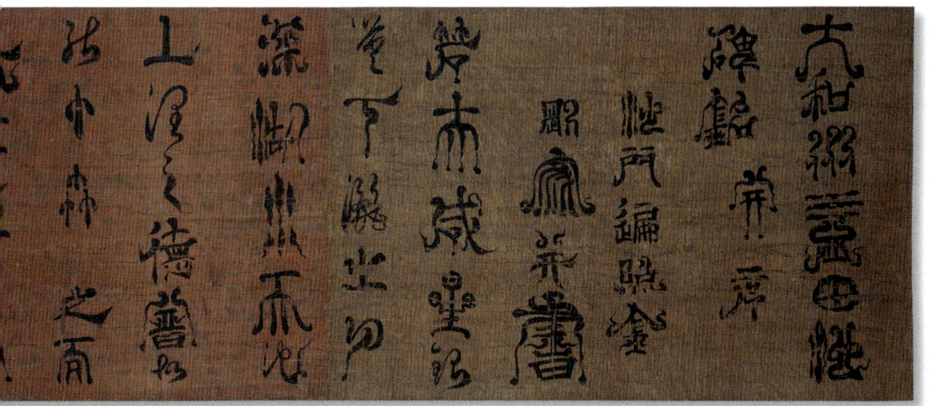

最澄

Keyword no. 080

さいちょう

同時代に活躍した天台宗の開祖

804（延暦23）年、ともに遣唐使船に乗り込んだ空海と最澄であったが、自費留学僧の空海に対し、最澄はすでに桓武天皇に認められ、国費で派遣された還学僧（かんがくそう）であった。

最澄は聖地・天台山で天台教学を学び、1年ほどで帰国した。一方の空海も、留学僧は少なくとも20年は滞在しなくてはならない規定があったが、その規定を破って、2年で帰国。大宰府に到着した空海は、朝廷に許しを請うため、恵果から贈られた法具や仏像、曼荼羅などを『御請来目録（ごしょうらいもくろく）』にしたため、都へ上る高階遠成（たかしなのとおなり）に託した。この宝物が意味するところをいち早く理解したのが最澄だ。最澄は唐で部分的に密教を学んではいたが、不完全なものであった。しかし、京では密教が流行しつつあったのである。3年後、空海がようやく上京を許された背景には、最澄の働きかけがあったとされる。上京した空海に、最澄は密教経典の貸し出しを依頼し、空海はこれを快諾。二人の交流が始まった。

812（弘仁3）年、最澄は空海を訪ね、灌頂（かんじょう）を受けたいと申し出た。仏教界の指導者的立場にあった最澄が弟子入りを望んだことにより、空海の名は一躍知れわたった。しかし、最後の伝法（でんぽう）灌頂を急ぐ最澄に自分のもとで3年の修行が必要と説いたこと、最澄の愛弟子が空海の弟子となってしまったこと、空海が最澄からの『理趣釈経』の貸し出しを「密教は経典を読んで得られるものではなく、師から弟子に心をもって心に伝えるもの」として断ったことなどが尾を引き、二人はついに決別する。最澄にとって真言密教は天台宗と同等のものであり、空海には密教こそがすべての仏教を包括するものであった。なるべくして道を分けた二人はその後、それぞれに天台宗と真言宗の開祖となる偉業を成し遂げ、後世に伝えている。

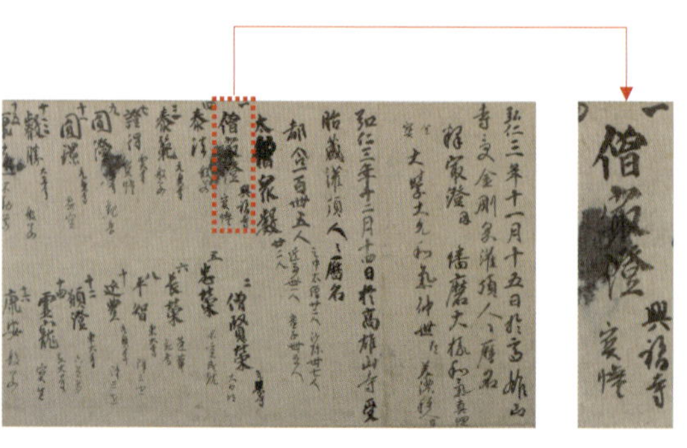

空海の自筆とされる『灌頂歴名（かんじょうれきみょう）』部分

国宝

812（弘仁3）年、空海が高雄山寺（たかおさんじ）にて最澄ら190余人に灌頂を授けたときの記録。最初に最澄の名があり、最澄と空海が決別する理由のひとつとなった弟子・泰範（たいはん）の名も見られる。（神護寺蔵）

page 入唐求法  170 真言八祖  34 法具  60 曼荼羅  48 灌頂 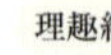 68 理趣経  69

空海とともに唐に渡った、日本天台宗の開祖・最澄。
日本仏教の改革という大志を抱いた
もう一人の天才は
空海の運命とも複雑に交錯していた。

最澄

767-822

近江国滋賀郡（現在の滋賀県大津市）に生まれ、14歳で得度。19歳で東大寺にて具足戒（ぐそくかい）を受け、正式に僧となる。唐で天台教学を学び、帰国後、比叡山を拠点に天台宗を開く。最澄は仏教界のエリートであり、実直な性格で信頼を集めたとされる。866（貞観8）年、清和天皇より伝教大師の諡号（しごう）が贈られた。

国宝『最澄像』（一乗寺蔵）

嵯峨天皇

Keyword no. 081

さがてんのう

真言密教の発展を支えた空海の政治的庇護者

嵯峨天皇が即位した809(大同4)年、朝廷は混乱のただ中にあった。桓武天皇が崩御し、第1皇子であった平城(へいぜい)天皇が即位すると、異母弟の伊予親王を謀反の罪に問い自害させた。平城天皇は体調をくずして3年で退位し、伊予親王の祟りとささやかれた。そして、桓武天皇の第2皇子である嵯峨天皇が即位したが、平城上皇の愛妾(あいしょう)・藤原薬子(ふじわらのくすこ)やその兄・仲成(なかなり)が、平城上皇の復位を画策する(薬子の変、平城太上天皇の変)。

都に上ったばかりであった空海は、嵯峨天皇のために高雄山寺(たかおさんじ)で鎮護国家の修法(しゅほう)をする。併せて、かつての友・伊予親王の供養も行った。嵯峨天皇はこの頃から、空海への信頼を強めていった。空海にとっては、嵯峨天皇の庇護を得て、仏教界で躍進する契機となった。空海は唐から持ち帰った屏風や名家の墨筆に自作の漢詩を添えて献上し、嵯峨天皇と私的な交流を深めていく。

810(弘仁1)年、嵯峨天皇は空海を東大寺の別当に任じた。811(弘仁2)年には、さらに乙訓寺(おとくにでら)の別当に任じている。そして816(弘仁7)年、嵯峨天皇は空海の希望により高野山を下賜。しかし空海が都を離れてしまうことを恐れ、823(弘仁14)年には東寺(教王護国寺)を下賜した。そこで空海は東寺を都での布教の場とした。

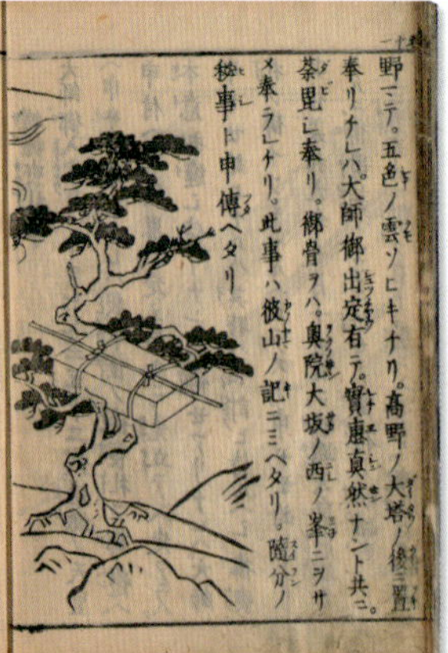

野ニテ。五色ノ雲ソヒキナリ。高野ノ大塔ノ後ニ置
奉リナレハ大師御出定有テ。實恵真然ナント共ニ
荼毘ニ奉リ。御骨ヲハ奥院大坂ノ西ノ峯ニヲサ
メ奉ラレナリ。此事ハ彼山ノ記ニミヘタリ。随分ノ
秘事ト申傳ヘタリ

空海と嵯峨天皇の絆の強さが伝わるエピソード「棺掛桜(かんかけのさくら)」

嵯峨天皇の棺は、天人によって空海の入定する高野山に運ばれたという。『高野大師行状図絵』「嵯峨喪礼事」より(国立国会図書館蔵)

入唐求法  page 170
三筆  178

嵯峨天皇は空海にとって
最良にして最大の理解者であった。
天皇の厚い庇護があってこそ、
空海は真言密教の確立という
偉業を成し遂げることができたのだ。

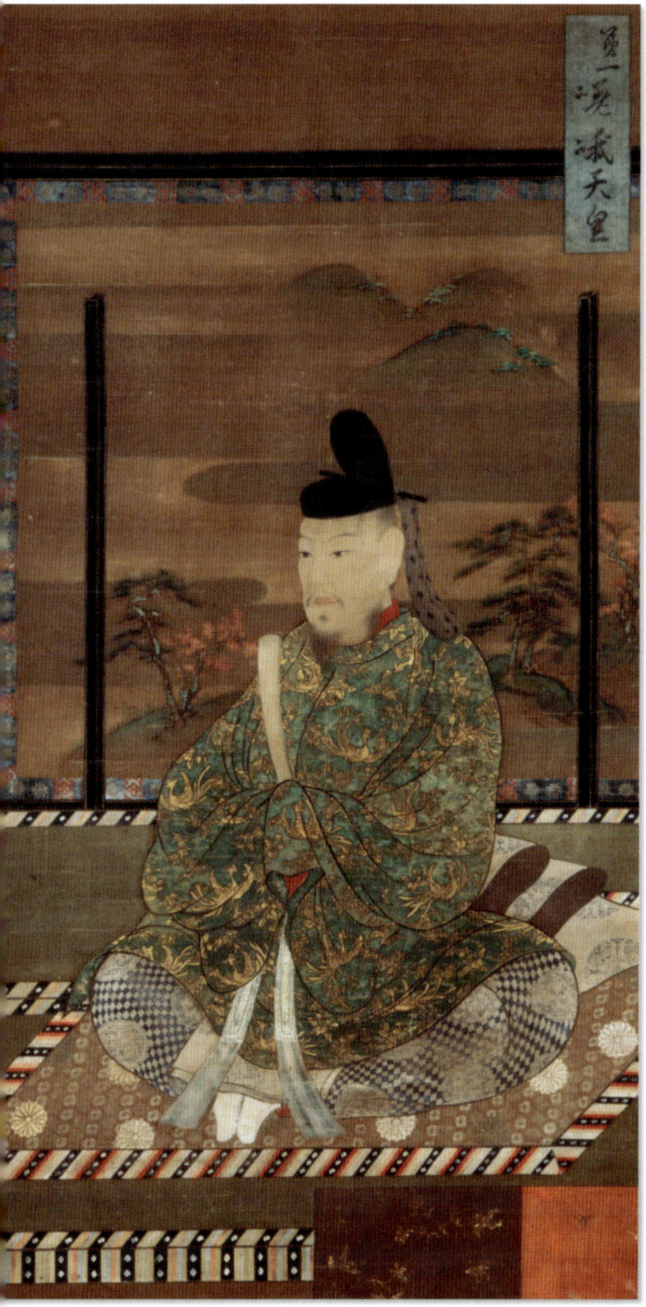

『嵯峨天皇像』(大覚寺蔵)

系図

奈良時代から平安時代へ――

混乱の政局に生きた天皇の中で

嵯峨天皇と淳和天皇の治世は

表面上は比較的穏やかな時代であった。

- 第49代 光仁天皇
  - 第50代 桓武天皇
    - 第51代 平城天皇
    - 伊予親王
    - 第52代 嵯峨天皇
    - 第53代 淳和天皇
  - 早良親王

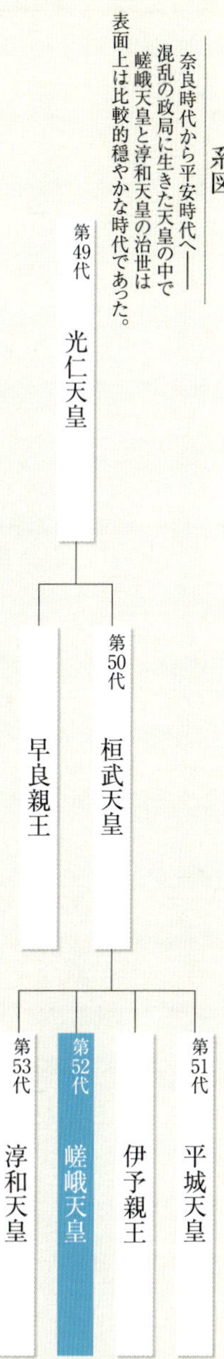

嵯峨天皇

786-842

漢詩文をこよなく愛し、唐文化に傾倒。政治的には蔵人所(くろうどどころ)、検非違使(けびいし)などを設けて律令制を固めた功績を持つ。

四国八十八ヶ所

Keyword no. 082

しこくはちじゅうはちかしょ

south 南

Chapter 3 Kukai's Life Keyword no.

082

88 Shikoku Henro

一番札所

八十八番札所

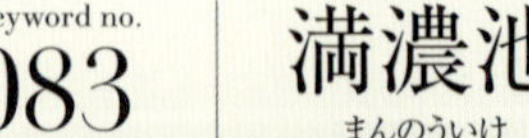

『象頭山参詣道四国寺社名勝八十八番』

四国八十八ヶ所と金毘羅権現を示した江戸時代後期の絵図。地図は南が上になっており、左中央部に一番札所「れうせんじ」（霊山寺・りょうぜんじ）の文字が見える。左端には御礼参りに訪れる「高野山」の文字もある。（愛媛県歴史文化博物館蔵）

北 north

Keyword no.
083

満濃池

まんのういけ

空海の治水事業

香川県にある満濃池は、大宝年間（701～704年）につくられた日本最大の灌漑用の溜池で、空海が修築を担ったとされている。技術も人手も不足するなか現地入りした空海は、岩の上で護摩を焚き、仏天に加護を祈った。すると四国各地から人夫が集まり、わずか3か月で修築が完了したという。これは日本初のアーチ型ダム方式の堤防であり、当時としてはたいへん画期的であった。空海は唐で土木技術も学んだと推測される。

page

空海の伝説 ― 164

真魚 ― 167

四国に点在する、空海ゆかりの88の寺院

弘法大師・空海の足跡は高野山にとどまらず、
四国八十八ヶ所の遍路道にも残されている。
空海の加護を受けながら札所を巡る
心の旅に出る人は、現代もなお絶えない。

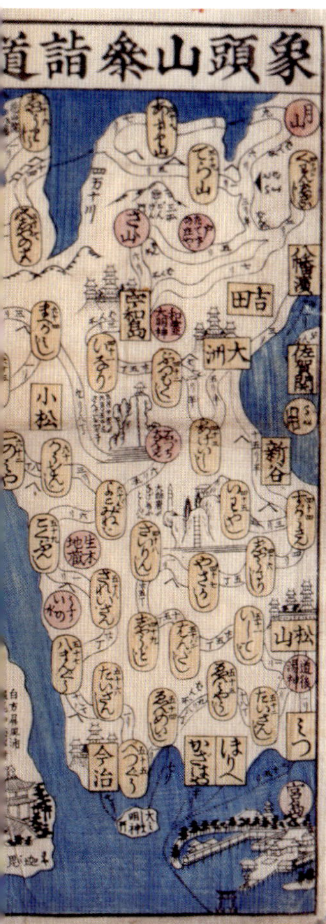

Chapter 3 Kukai's Life Keyword no.

083-084

讃岐国に生まれた空海は、上京して仏教に目覚めた後、修行の地を探して故郷の四国に向かった。そこで山々を歩き、ときに里の人々を救いながら修行を積み、ついに室戸岬で虚空蔵求聞持法（こくうぞうぐもんじほう）を修し、神秘体験を得た。唐から帰国した後も空海はたびたび四国を訪れ、故郷の仏教隆盛のために貢献している。その中で、空海が奇跡や霊験を起こした地や寺院など、ゆかりの霊場八十八ヶ所を巡礼するのが四国遍路だ。

1番から88番までの札所（ふだしょ）をつないだ1200キロメートル以上にわたる道のりは、かつては修行僧が中心となって歩いたが、民衆の大師信仰の高まりとともに遍路道が整備され、所願成就や病気平癒を願う人々が全国から集まり、遍路をするようになった。遍路の意義は、弘法大師とともにその足跡をたどることにある。

Mannoike Dogyoninin

菅笠に“同行二人”の文字が見える。

Keyword no.
084

同行二人
どうぎょうににん

お大師さまとともにある

四国遍路では、つねに弘法大師・空海の加護を受け、弘法大師と心の対話をしながら歩く。これを同行二人という。この考えに基づき、遍路装束の白衣（はくえ）には“南無大師遍照金剛”、納経帳や経本を入れる頭陀袋（ずだぶくろ）には“同行二人”の文字がそれぞれ書かれている。また金剛杖は弘法大師そのものであるとされ、五輪には金襴を巻いて保護する。さらに橋の上では杖をついてはならないなどのきまりがある。

十大弟子

Keyword no. 085

じゅうだいでし

Chapter 3 Kukai's Life Keyword no.

085

Judaideshi

実慧 じちえ

真済 しんぜい

空海の直弟子のうち、実慧(じちえ)、真済(しんぜい)、真雅、道雄(どうゆう)、円明(えんみょう)、真如、杲隣(ごうりん)、泰範(たいはん)、智泉(ちせん)、忠延(ちゅうえん)の10人を十大弟子と呼ぶ。このうち、法号に"真"の字を持つ者は、空海のもとで得度した僧である。

筆頭の実慧は讃岐国の佐伯一族の出身で、空海の親戚にあたる。空海の最初の弟子といわれ、空海が高野山に移る際、東寺(教王護国寺)の管理者である長者(ちょうじゃ)を任された。『御(ご)遺告(ゆいごう)』でも弘法大師・空海入定後の「諸弟子の依るべき師長者」であると書かれている。空海の親戚ではこのほか、実弟の真雅、甥の智泉が十大弟子に数えられる。真済は、25歳の若さで両部の灌頂(かんじょう)を受けて伝法阿闍梨(でんぽうあじゃり)

Keyword no.

086

『性霊集』

しょうりょうしゅう

真済(しんぜい)がまとめた空海の漢文集

真済は、空海の入定後にその詩文や上表文などを『遍照発揮性霊集(へんじょうほっきしょうりょうしゅう)』(=『性霊集』)10巻にまとめた。成立年は不明だが、空海の思想や文学の才能を知るうえで貴重な文献であり、真言密教にとっても重要な資料といえる。(国立国会図書館蔵)

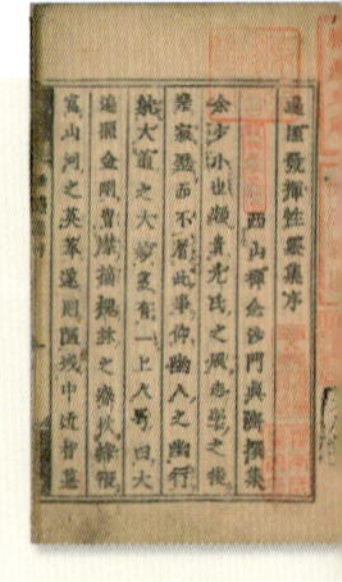

空海の真言密教を継承した10人

空海を支えた直弟子を、
釈迦の十大弟子にならい、空海の十大弟子と呼ぶ。
優れた弟子集団にも支えられて、
真言密教が確立されていった。

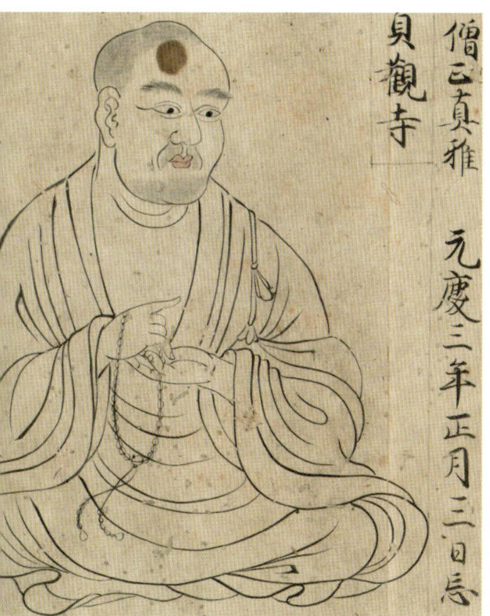

真雅　しんが

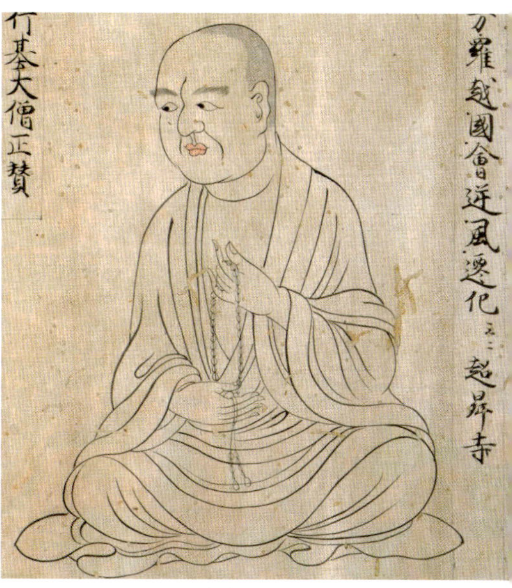

真如　しんにょ

重文『先徳図像』（東京国立博物館蔵 Image: TNM Image Archives）

となった秀才で、空海の遺した文章をまとめた『性霊（しょうりょう）集』を編纂。また、真言宗で初めて僧正となった人物でもある。道雄は東大寺で華厳宗の第7世となるが空海に入門し、京都の海印寺（かいいんじ）を華厳・真言兼学の道場とした。真如は平城（へいぜい）天皇を父に持つ高岳（たかおかの）皇子（みこ）。嵯峨天皇の即位時に皇太子に立てられるが、政変の影響でその位を廃されたのをきっかけに出家した。求法（ぐほう）の人として知られ、60歳を過ぎてから密教を学ぶために入唐（にっとう）し、67歳でインドを目指したが道中で入寂（にゅうじゃく）している。このほか、修善寺を開いた杲隣、最澄の愛弟子であった泰範らが中核となり、真言宗の発展に献身した。

空海を支えた10人の直弟子

実慧	じちえ	786-847	空海の親戚。初代東寺長者を務めた。道興大師。
真済	しんぜい	800-860	『性霊集』を編纂。2代目東寺長者。
真雅	しんが	801-879	空海の実弟。3代目東寺長者を務めた。法光大師。
道雄	どうゆう	?-851	東大寺を出て空海に入門。京都に海印寺を開く。
円明	えんみょう	?-851	東寺、東大寺の別当。真言院の幹事を務めた。
真如	しんにょ	799-865?	高岳皇子が出家。インドを目指すも道中で入寂。
杲隣	ごうりん	767-?	京都に修学寺、伊豆に修善寺を創建した。
泰範	たいはん	778-?	最澄のもと愛弟子。高野山の開創にも携わる。
智泉	ちせん	789-825	空海の甥。空海の後継者と目されたが早世した。
忠延	ちゅうえん	生没年不詳	諸宗を学び、空海に入門。藤原良房の子という説も。

入定

Keyword no. 087

にゅうじょう

現世に別れを告げ、
永遠の悟りの世界へと
入って行く

Chapter 3
Kukai's Life
Keyword no.

087

Nyujo

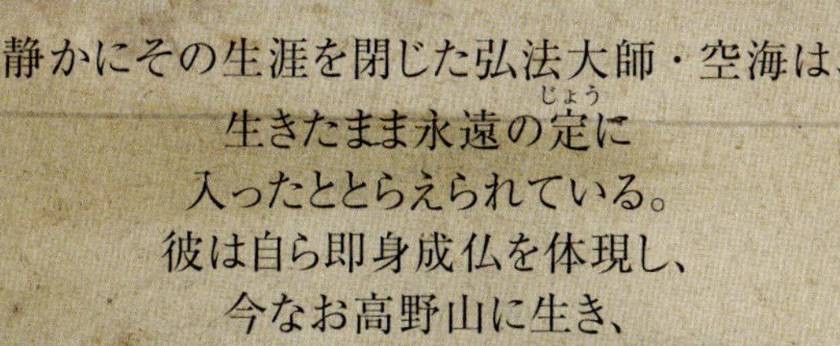

静かにその生涯を閉じた弘法大師・空海は、
生きたまま永遠の定に
入ったととらえられている。
彼は自ら即身成仏を体現し、
今なお高野山に生き、
人々に救いの手を差し伸べているのだ。

831（天長8）年、58歳の空海は、淳和天皇に「悪性の腫瘍ができたため、大僧都の職を解いてほしい」と申し出た。これは叶えられなかったが、翌年には都を離れ、高野山に籠る生活に入った。その年のうちに実慧に東寺（教王護国寺）を託し、翌年には金剛峯寺を甥の真然に任せた。

835（承和2）年正月、宮中で初めて天皇の一年間の健康と鎮護国家を祈る正式な後七日御修法を行う。その前年、真言宗において年間に得度する者を3名とすること、金剛峯寺を官寺に準ずる寺とすることなどの上奏文を出し、許されている。真言宗は、ここに国家公認のものとなったのだ。

醍醐天皇より弘法大師の諡号を賜る

入定から86年後、醍醐天皇は空海に弘法大師の諡号を与えた。『弘法大師行状図絵』より「諡号奉賛」（金剛峯寺蔵）

こうして真言密教の基礎固めを終えた空海は、835（承和2）年3月15日、弟子を集めて「私は3月21日寅の刻に禅定に入る。その後は弥勒菩薩のもとでお前たちの信仰を見守ろう」と伝えている。そして、予言どおり3月21日早朝、弘法大師・空海は大日如来の定印を結びながら入定した。62歳であった。

永遠に衆生救済のために祈ろうという悲願を抱いた弘法大師は、今も人々の心に生き続けている。

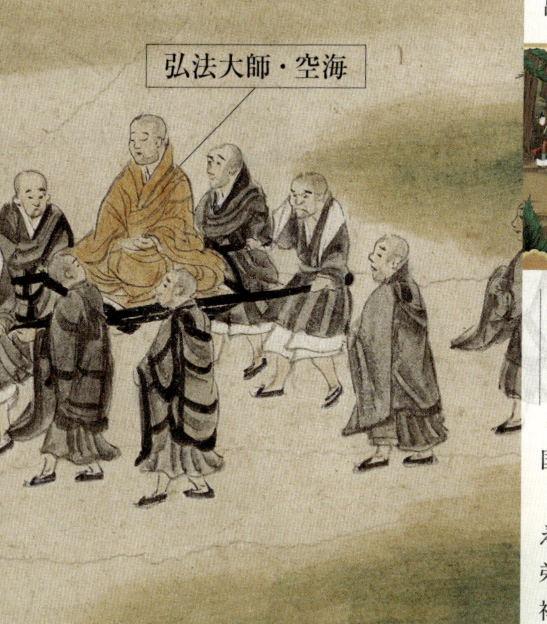

絵図に見る入定

重文『高野大師行状図画』第六巻「入定留身事」より。入定から49日目、弟子たちは弘法大師自ら定めた奥之院の霊窟にその身を納めた。（地蔵院蔵）

page
即身成仏 — 68　十大弟子 — 190　金剛峯寺 — 106　真然大徳 — 112　五智如来 — 17　生身供 — 194

Keyword no.

088 生身供

しょうじんぐ

1200年にわたって宗祖に捧げられる心づくしの料理

弘法大師・空海は死や時を超え、今も禅定を続けている。その信仰のもと、奥之院では毎日2回、1200年にわたってお大師さまに食事を捧げ続けてきた。

午前6時の食事

生身供は、もちろん精進料理だが、その内容は特別なものではなく、一般の人が食べるものと変わらない。行法師が毎食、心を込めて調理する。朝は一汁四菜が基本。

昼の食事

一汁五菜が基本。この日は刺身こんにゃくなどが並んだ。昼の食事を10時頃にお出しするのは、仏戒では、僧は正午以降に食事を摂ることを許されていないためである。

生身供は唐櫃に収められ運ばれていく

生身供が御供所（ごくしょ）から燈籠堂へ運ばれると、朝のお勤めが行われる。

真言宗では、弘法大師・空海は今も奥之院の御廟にて、日々禅定をしていると考えられている。奥之院ではその弘法大師のために約1200年にわたって、毎朝6時と10時の2回、生身供と呼ばれる食事を捧げている。

日本では神仏を問わず、古くから仏壇や神棚に食べ物や酒を供える風習があり、この供え物を御神供と呼んできた。その供え物をいただく行為には、食すことで神仏のご利益や福徳を体内に取り込むという意味合いもある。

玉川の清流にかかる御廟橋を渡ると、そこから先は弘法大師の住処であり、張りつめた空気に覆われた高野山の中で最も重要な聖域のひとつである。弘法大師の食事は、御廟橋の手前にある御供所で、行法師と呼ばれる僧の手でつくられる。できあがった食事は2名の若僧が担ぐ唐櫃に収められ、維那職の僧の先導のもと、弘法大師が永遠の瞑想を続ける御廟の拝殿である燈籠堂へと運ばれていく。

御供所の隣には、嘗試地蔵尊という、一風変わった名の地蔵が祀られている。これは空海の食事をつくっていたという、愛慢と愛語という二人の弟子が、厨房を司る神である御厨明神として祀られたことが始まりとされる。現在でも、唐櫃に収めた食事はまずこの地蔵に味見（毒味）をしていただいた後で弘法大師のもとへと届けられる。

835（承和2）年の入定以来、約1200年もの間絶えることなく捧げ続けられてきた生身供は、これからも変わることなく続いていく。

日々行われる弘法大師への献膳と供養

毎日、午前中に2回生身供が運ばれる燈籠堂では日々護摩を焚き、弘法大師を供養する。

KOYASAN Insight Guide Chapter

4

第四章 Life in Koyasan

山のくらし

芽吹きの春、緑豊かな夏、
色鮮やかな秋、寒く長い冬——
美しくも厳しい自然が育んできた
山のくらしの礎には、
1200年にわたる歴史と伝統、
深遠なる仏の教えがある。

僧たちの衣食住に高野山ならではの教えを垣間見る

高野山には高野山ならではの風景がある。写真は院内に僧の修行道場である高野山専修学院を置く宝寿院の山門にて。

僧の一日

Keyword no. 089

そうのいちにち

高野山にくらす
僧の日常から
見えてくるもの

Chapter 4
Life in Koyasan
Keyword no.

089

One Day of a Monk

山王院での出迎え

この日は月に一度の
月次問講(つきなみもんこう)の日。
山王院にて多数の出仕者を
出迎える。

高野山には現在、117の寺院がある。
そのひとつ、親王院は、
平安初期に真如親王が開基した由緒ある寺院。
多忙な日々を送る同院の住職を支えているのは
高野山に生きる僧としての使命感であった。

証文（しょうもん）を書く

親王院にて、
ひと文字ひと文字に祈りを込めて、
供養する方の証文を
書いてゆく。

金剛峯寺と親王院、ふたつの職場を往き来する

親王院（→P146）は、高野山で最も古い建築様式を残す寺院だ。11月のある朝、張りつめた寒さの中で朝勤行が始まった。約350年前に建てられた本堂には電気が通っておらず真っ暗だ。ろうそくと灯明という昔ながらの明かりによって本尊である不動明王が浮かび上がる。「真言密教は、自分と向き合い自分の中に仏を感じる教えです。読経の際は、その世界に入って行こうという姿勢で臨んでいます」と語る住職の安田弘明さん。朝勤行を終えると寺の掃除をすませ、朝食の後に金剛峯寺へ出勤する。「本山のことも知りたい、法会の勉強もしてみたいということが、奉職するきっかけでした」。安田さんが所属している法会課は、年間100にも及ぶ年中行事すべてに関わる部署だ。準備から立ち会いまで、行事を滞りなく進行するためのあらゆる面をサポートする。1200年にわたる伝統の行事の作法は、書物だけでは伝えきれない。面授といって、所作や声の使い方など実地で体感しながら習得することも多いのだ。「法会も生きもので、何が起こるか分かりません。滞りのないように臨機応変に進行するのが務めです。長い間形を変えずに伝わってきた行事をいかにして維持するか。世の中は変わりますが、それに影響されることなく、そのままの形で次の世代へ渡していくことは、本山に奉職する者の使命だと思っています」

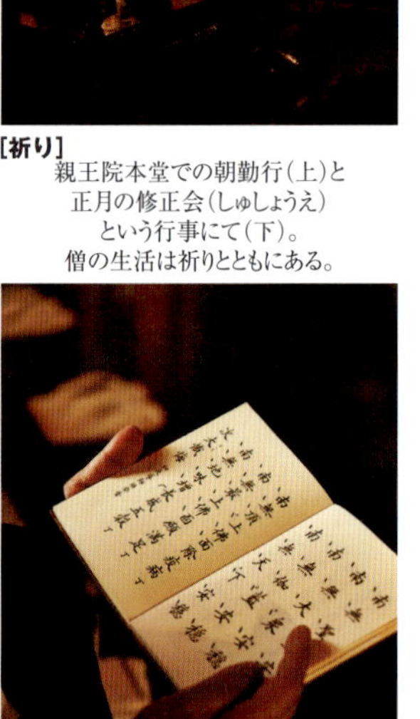

［祈り］
親王院本堂での朝勤行（上）と正月の修正会（しゅしょうえ）という行事にて（下）。僧の生活は祈りとともにある。

仕事を終えて帰宅をすれば、親王院の仕事が待っている。宿坊も兼ねる同院では、宿泊者の対応も大事な務め。仕事は就寝の時刻までほぼ休みなく続く。自分の時間もほとんどない多忙な毎日を送る安田さんを支えるものは何なのだろうか。「信徒の方や宿泊された方の話にお答えしたり、ともに拝んだり、廻向をさせていただいているとき、おたがいの思いが響き合う瞬間があります。その思いこそ仏様の思いであり、仏様を感じるその瞬間はとても幸せな時間であり、やりがいを感じるのです」

高野山にくらす僧は、ふたつの職場で真言密教と濃密に関わりながら、充実した日々を過ごしている。

page
十大弟子 190　金剛峯寺 106　五大明王 20　年中行事 116　宿坊 142

7:00
鉄製の砂熊手を使って、
親王院の庭の
目立てをするのも
掃除の一環。

8:30
金剛峯寺へ出勤。
この日は月次問講の
立ち会いで、
まずは山王院へ向かった。

日中は金剛峯寺でのお勤め、
朝と夕方以降は親王院での作務——
高野山にくらす僧は
本山の行事から檀家の供養まで
真言密教の持つ多彩な面に日々触れながら、
修行の道を歩んでいる。

Weekday Schedule

金剛峯寺に出仕する僧の一日

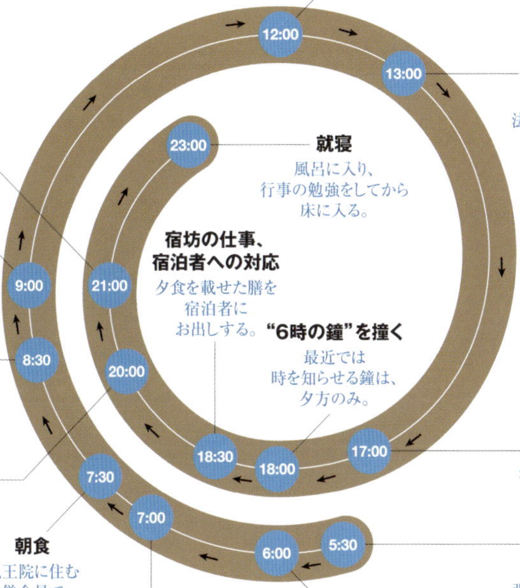

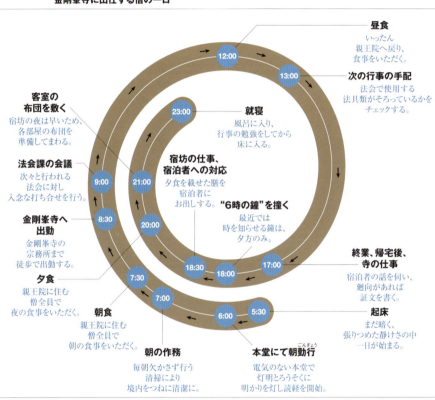

5:30 起床
まだ暗く、
張りつめた静けさの中
一日が始まる。

6:00 本堂にて朝勤行（ごんぎょう）
電気のない本堂で
灯明とろうそくに
明かりを灯し読経を開始。

7:00 朝の作務
毎朝欠かさず行う
清掃により
境内をつねに清潔に。

7:30 朝食
親王院に住む
僧全員で
朝の食事をいただく。

8:30 金剛峯寺へ出勤
金剛峯寺の
宗務所まで
徒歩で出勤する。

9:00 法会課の会議
次々と行われる
法会に対し
入念な打ち合せを行う。

12:00 昼食
いったん
親王院へ戻り、
食事をいただく。

13:00 次の行事の手配
法会で使用する
法具類がそろっているかを
チェックする。

17:00 終業、帰宅後、寺の仕事
宿泊者の話を伺い、
廻向があれば
証文を書く。

18:00 “6時の鐘”を撞く
最近では
時を知らせる鐘は、
夕方のみ。

18:30 宿坊の仕事、宿泊者への対応
夕食を載せた膳を
宿泊者に
お出しする。

20:00 夕食
親王院に住む
僧全員で
夜の食事をいただく。

21:00 客室の布団を敷く
宿坊の夜は早いため、
各部屋の布団を
準備してまわる。

23:00 就寝
風呂に入り、
行事の勉強をしてから
床に入る。

18:00
3月の彼岸の中日から9月の
彼岸の中日前日までは18時に、
9月の彼岸の中日から3月の
彼岸の中日前日までは17時に
夕方の鐘を撞（つ）く。

18:30
御膳に
精進料理を載せ、
宿坊の利用者のための
夕食を運ぶ。

外儀

Keyword no. 090　げぎ

用途や法会での役割によって装いは変わる

行の際に
身に着ける
昔ながらの形

法会や
儀式における
高野山ならでは
正装

褊衫／如法衣
へんざん／にょほうえ

褊衫という衣の上に如法衣という七条袈裟を着ける。修行中は茶か黒、尼僧は鼠色、行を終えた者は木蘭色（もくらんじき・写真）が一般的。

襲／精好
かさね／せいごう

襲という衣の上に精好という五条袈裟を着け、襟元に帽子（ぼうし）と呼ばれる襟巻を巻く。襲は写真の黒襲のほか白襲もある。

衣や立ち居振る舞いににじみ出る僧としての心

外儀とは仏教用語で、内面からにじみ出て
外面に現れる威儀や身の振る舞いのことをいう。
用途や法会での役割によって変わる
袈裟や衣帯、装束などの装いから、
立ち居振る舞いの基本となる坐法までを見ていく。

重要な法会に
欠かせない
最上の装い

白い刺繍の
寺紋が特徴の
晴れ着

袍服／衲衣

ほうぶく／のうえ

表袴に儀礼服である袍服を着て、衲衣（金襴の七条袈裟）に横披（おうひ）という長方形の布と修多羅（しゅたら）という飾りを着ける。

指貫／紋白

さしぬき／もんじろ

かつて貴族が身に着けた指貫という袴の上に、高野山の僧の平衣（へいい）である空衣（うつお）を着て、紋白と呼ばれる五条の袈裟を着ける。

褊衫(へんざん)と如法衣(にょほうえ)の被着

褊衫の代わりに空衣(うつお)や素絹(そけん)を着ることもある。

Step 1

白衣(はくえ)と呼ばれる中着を着る。

Step 2

裙(くん)と呼ばれる裳裾を着ける。

Step 3

裙の紐は前で結ぶ。

Step 4

普通とは逆に右襟を上にして褊衫を着る。

Step 5

左右逆に着て右肩を覆う覆肩衣(ふげんえ)を表す。

Step 6

座って如法衣をいただき、偈文(げもん)を唱える。

Step 7

如法衣を広げ、上部を折り返す。

Step 8

右手を上から回し、如法衣をかける。

Step 9

右手を脇の下、左手を上にし、右肩を出す。

Step 10

右手のところで紐を結ぶ。

Step 11

右手側の袈裟の門を出して紐に挟む。

Step 12

威儀(左肩)を整えて被着完了。

袈と精好の被着

かさね　せいごう

首には帽子(ぼうし)、
手には中啓という
扇を持つ。

Step 1

白衣(はくえ)と
呼ばれる
中着を着る。

Step 2

襲と
呼ばれる
衣を着る。

Step 3

襲は
普通の着物と
同じように着る。

Step 4

襲の帯は
前で結ぶ。

Step 5

座って精好をいただき、
偈文(げもん)を
唱える。

Step 6

精好を裏返し、
威儀(左肩の紐)と
小紐を持つ。

Step 7

威儀の輪に
右腕を通し、
左肩にかける。

Step 8

左肩で
小紐を結ぶ。

Step 9

帽子(襟巻)を
少し折り返し、
首にかける。

Step 10

首にかけた
帽子を
整える。

Step 11

着物の襟と
同じように
帽子をたたむ。

Step 12

左右の帽子を
整えて
被着完了。

袍服と衲衣の被着
（ほうぶく　のうえ）

横披（おうひ）は衲衣と同じ素材・模様でつくられる。

Step 1

中着である
白衣（はくえ）に
表袴を履く。

Step 2

表袴の上から
裳（も）を
着ける。

Step 3

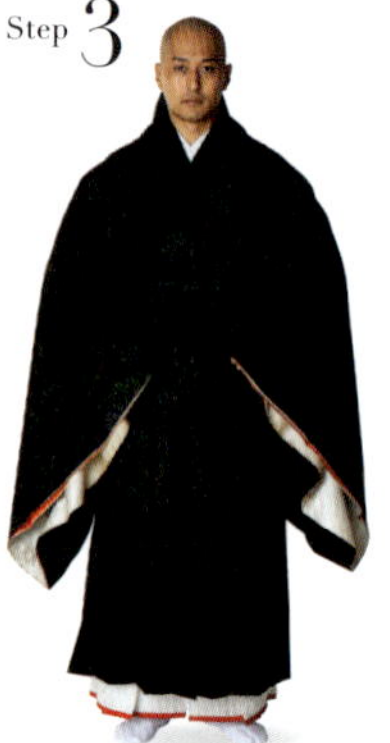

袍服（ほうぶく）を
着る。
石帯は前で結ぶ。

Step 4

横披を裏返し、
布の左端と
中ほどを持つ。

Step 5

右肩にかけ、
胸の前で
紐を結ぶ。

Step 6

衲衣の上部を
折り返し、
裏返しに持つ。

Step 7

右手を左から
後ろに回し、
衲衣をかける。

Step 8

横披を返して、
衲衣と修多羅の
紐を結ぶ。

Step 9

衲衣の右端を
前に出し、
紐に挟み込む。

Step 10

横披を下ろし、
威儀（左肩）を
整える。

Step 11

帽子（ぼうし）を
首に巻き、
檜扇を持つ。

Step 12

挿鞋（そうかい）と
呼ばれる
木靴を履く。

僧の服装の変遷

僧が身に着けるものとしてまず思い浮かぶのは袈裟だろう。袈裟はサンスクリット語のカシャーヤの音訳で不正色、壊色などと訳される。インドの僧がそうした色の法衣をまとっていたことから、僧が身に着けるものを袈裟と呼ぶようになったという。袈裟は、三衣と呼ばれる僧伽梨（大衣）、鬱多羅僧（上衣）、安陀会（中衣）の３種が基本であったが、仏教が中国を経て日本に伝播する過程において、その土地の風土に合わせて、袈裟の下に着ける衣が発達した。僧伽梨は外出や正装の際に用いた九条から二十五条の袈裟、鬱多羅僧は礼拝などに用いた七条の袈裟、安陀会は日常の作業に用いた五条の袈裟である。袈裟は長短の布を縫い合わせてつくるため、その形を水田に見立てた田相衣という呼称のほか、その色から染衣、染色衣、不正色衣、壊色衣など、見た目からでもさまざまな呼び方がある。また、身につける人物の徳を表わして仏衣、功徳衣、福田衣、出世服（俗世間の煩悩からの解脱、出世間の意）とも呼ばれる。

このようにさまざまな名称が存在する中で、出家を志す者の本来の心持ちを言い表している呼び方が糞掃衣である。これは出家を志した者は、使い途のないボロ布をつなぎ合わせて、または新しい布でも裁断して布への執着を断ってからつなぎ合わせて袈裟をつくるという意味からきている。つまりこれは、価値のないものをつなぎ合わせることによって最上の価値を見出そうという心持ちであり、僧が身に着ける袈裟は本来すべて糞掃衣なのである。

白袈裟はなりたての僧の証

高野山では、勧学会の２年目を終えるまでは空衣に白袈裟、終えると黒袈裟を着けられるようになる。

また、袈裟同様、衣の種類も多い。戒律にのっとった褊衫、密教では最上位とされ、灌頂などに用いられた袍服（袍裳）、無紋・単の絹で仕立てられ袍服の略服である鈍色、上絹糸でつくられた上下１連の法衣である素絹、常服として用いられ、さまざまな色や形がある直綴、高野山で用いられる襲や空衣などがある。

現在は改良服と呼ばれる明治時代に生まれた略服が用いられることが多く、使い勝手のよさを重視して袖と丈を短くして軽量化を図り、この衣に、折五条という紐状の略袈裟を首から掛けるのが僧の一般的な日常の衣服である。また汗をかきやすい夏期には、肌と着物の密着や衣の汗染み防止、着物の通気性をよくするため、竹や籐で編んだ腕抜きと呼ばれる筒を腕に着用することもある。

page 袈裟 — 210  坐法 — 209  灌頂 — 68 

僧の身だしなみに欠かせない装束

中啓
ちゅうけい

中啓とは、中ぐらいに啓（ひら）いた扇の意。高野山では位階によって骨の色が異なる。

鼻高
びこう

外履きの木靴。甲からつま先にかけてが高く、かかとの部分が低くなっている。黒漆塗り。

数珠
じゅず

108 珠の本連を用い、置くときは 3 重、持つときは 2 重、腕にかけるときは 1 重にするのが基本。

帽子
ぼうし

羽二重帽子とも呼ばれる襟巻。もとは防寒具。右は勧学会でも用いられる縮緬（ちりめん）帽子。

檜扇
ひせん

薄い檜板でできた扇。かつては位階で檜の枚数を定めたが、現在は法会の役割によって定める。

挿鞋
そうかい

内履きの木靴。位階による被服の色に合わせ、2 色を使い分ける。草鞋と表記されることもある。

091 坐法（ざほう）

正しく座ることは精神を整え、集中力を高める

行住坐臥（ぎょうじゅうざが）において、正しい姿勢は修法（しゅほう）の質を高めるために重要である。よく知られる結跏趺坐（けっかふざ）や半跏趺坐（はんかふざ）以外に、修法や礼拝（らいはい）の所作で用いる坐法があり、それぞれに正しいフォームが決まっている。

如来像によく見られる結跏趺坐は、悟りを開いたものが行う最も尊い座り方で、如来坐ともいわれる。一方、金剛薩埵（さった）像や不動明王像に見られる半跏趺坐は菩薩坐ともいわれ、如来の境界（悟りの世界）に向かって進むための行を重ねている菩薩の坐法である。これが段階的に進み、満了すると仏道の終点、如来に至る。坐法によって、如来になるまでの仏道全体を"線"としてとらえることができるかもしれない。

結跏趺坐　けっかふざ

両足を組み、左足を右足の上に、右足を左足の上に載せることで、生仏不二（しょうぶつふに）の意を表している。

半跏趺坐　はんかふざ

正道を表す右足を左足の上に載せ、邪道を表す左足を鎮めている。行者がよく用いる坐法。

長跪　ちょうき

礼文を唱える際や得度式中などの坐法。仏や上席の僧に敬意を表す。

蹲踞　そんこ

対揚（たいよう）という声明や起居礼（ききょらい）などの所作の途中で静止するときの坐法。

跪跪　こき

声明を唱える際などの所作の途中で静止するときの坐法。右膝をつけて仏や上席の僧に敬意を表す。

五体投地

最高の敬意を示す礼拝（らいはい）方式

五体投地（ごたいとうち）礼はインドで生まれ、チベット密教にもよく見られる礼拝（らいはい）方法だ。真言密教においては特に、僧になるための四度加行（しどけぎょう）の前行である、礼拝加行などで行う。礼拝加行では一日3回ある各行法を行う前に108回ずつ、14日間五体投地を続ける。

両手を合わせて右足を下げる。

左足もそろえて正座する。

右手を地面につける。

左手も地面につけた後、頭を地面につける。

092 袈裟

けさ

袈裟の種類は形状や用途によって分けられる

袈裟は、裁断した小さな布を縦につないだ条(じょう)というものを、何列か縫い合わせてつくる。袈裟の条数は、仏法において吉相とされる奇数に限定されている。真言宗で用いる袈裟には五条から二十五条まであり、数の多いほうが尊重される。数は僧位や法会によって使い分けられており、五条、七条(しちじょう)、九条(くじょう)が一般的である。

用途別には大衣(だいえ)、上衣(じょうえ)、中衣(ちゅうえ)に大きく分けられる。それぞれ大衣は正装用、上衣は修行用、中衣は日常生活用で、大衣は九条以上のものをいう。ほかに五条袈裟を細長く折り畳んだ折(おり)五条(略袈裟とも呼ばれる)、折五条を簡略化した、在家用の半袈裟などもある。折五条も半袈裟も首からかけて着ける。

袈裟の種類による用途例

- 大衣(九条袈裟～二十五条袈裟)……………正装用
- 七条袈裟……………法会用、行用
- 五条袈裟……………法会用、日常生活用
- 折五条……………日常生活用
- 半袈裟……………在家用

五条袈裟にもいろいろある

一般的な五条袈裟であっても、法会の種類や役職、TPOに合わせて、身に着ける種類は異なる。

緋色の衣と紋白を身に着けた法印御坊。

紋白(もんじろ)

寺紋を白糸で刺繍した礼装用。紫色と緋色があり、緋色は高位の僧のみ着けることができる。

精好(せいごう)

法会や儀式での高野山ならではの正装である襲(かさね)を着用する際に着ける精好織の袈裟。

黒袈裟(くろげさ)

高野山の僧の平衣として空衣(うつお)とともに着ける。僧になりたての場合は白袈裟となる。

袈裟の着け方には、両肩を袈裟で覆う通両肩搭(つうりょうけんだ)と
左肩のみを覆う偏袒右肩(へんだんうけん)とがある。
現在の日本の衣服とはかけ離れたその姿は、
インド由来であることに起因している。

五条袈裟の着け方

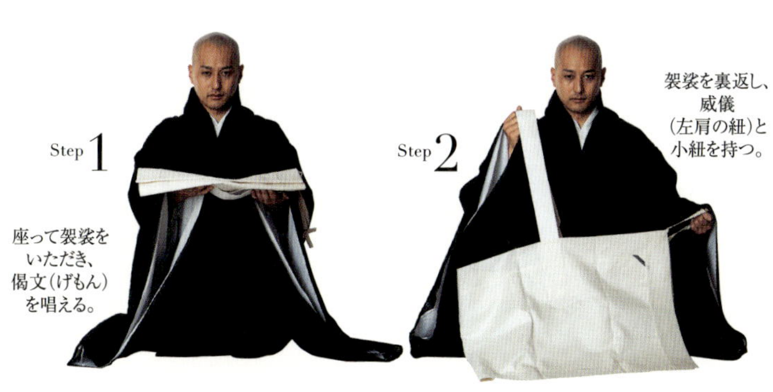

Step 1
座って袈裟をいただき、偈文(げもん)を唱える。
Step 2
袈裟を裏返し、威儀(左肩の紐)と小紐を持つ。

Step 3
威儀の輪の部分に頭を通す。
Step 4
左肩で小紐を結ぶ。

Column

僧階

13～16の階層に分かれている

僧階は仏教の宗派によって異なり、さらにたとえば同じ真言宗でも、各本山によって階級の呼び方や、階級の数もさまざまである。そもそも密教の僧になるためには、まず出家の儀式である得度(とくど)を受式する。得度では、師僧との師弟関係を結び、剃髪をし、戒律・袈裟・僧名を授かり、僧として生きる誓いを立てる。入門後は修行を重ね、試験に合格することで教師の資格を取得し、はじめて僧階が与えられる。

密教の僧階は最高位の大僧正から順に権大僧正、僧正、僧都、律師など13～16に分かれている。昇階のためには、定められた試験に合格する、定められた年数以上を経るなどの条件を満たさなくてはならない。

香

Keyword no. 093

こう

心身を浄め、諸仏に捧げる聖なる香り

金と等しき
価値を有する
香木の王者

1

① 伽羅（きゃら）

沈香（じんこう）の中でも特に香りのよいもの。ベトナムなど限られた地域にしか産出せず、香りの最高峰として日本では古来、珍重されてきた。さまざまな偶然が重なって生まれるその馥郁たる香りは、人工的には再現不可能といわれている。

東洋を
魅了した
玄妙な香り

2

② 沈香（じんこう）

沈水香木ともいう。東南アジアからインドの一部で採れる香木。ジンチョウゲ科の樹木になんらかの原因で傷がつき、分泌された樹脂が沈積しバクテリアなどが作用してできる。比重が大きいため、水に沈むことがその名の由来。熱することで深みのある香りが立ち上る。

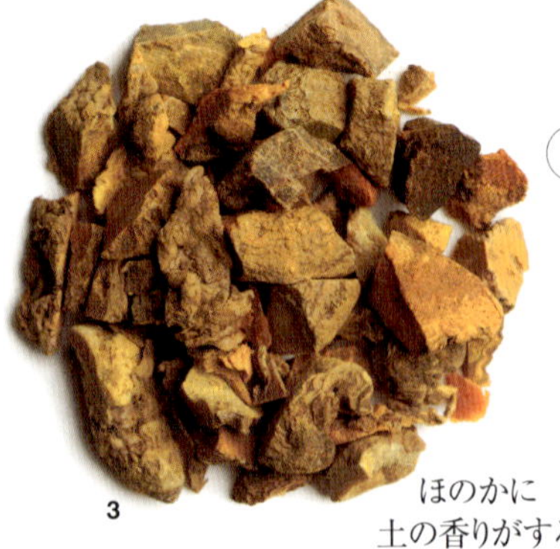

3

ほのかに
土の香りがする
すぐれた生薬

③ 鬱金（うこん）

ショウガ科の多年草で、アジアの熱帯地域が原産。その根茎や塊根部分を乾燥させて使用する。古くから殺菌や防腐に効果があることが知られ、生薬や染料にも用いられてきた。カレーの色味に欠かせないターメリックとしてもおなじみ。

仏教儀礼に使用されている香は、
仏教の伝来とともに日本へやってきた。
特に真言密教の修法（しゅほう）においては、
日々の勤行（ごんぎょう）から特別な灌頂（かんじょう）まで
さまざまなタイプの香が使い分けられる。

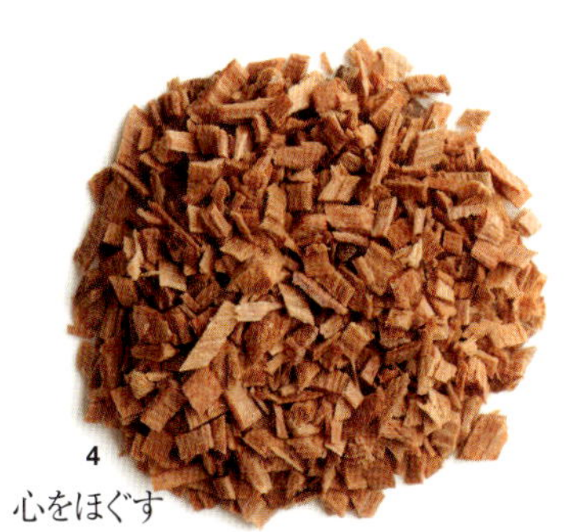

4
心をほぐす
やわらかく
穏やかな香り

6
優雅で
涼しげな
香気を放つ

5
集中力を高め
殺菌作用もある
スパイシーな香り

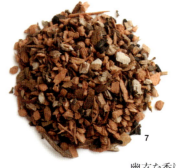

7
幽玄な香りに
調香の
技術が光る

4

白檀
びゃくだん

英語名サンダルウッド。インドやインドネシア、マレーシアなどで栽培されている。熱を加えずとも芯材自体が甘くさわやかな香りを放つ。香木として、また線香や抹香の原料としても一般的。ほかに仏像や仏具、扇子などにも広く利用されている。

5

丁子
ちょうじ

フトモモ科のチョウジノキの花のつぼみを乾燥させたもの。インドネシア原産で、熱帯多雨な地域で栽培されている。形状が釘に似ているため、中国で同義の丁の字があてられた。殺菌力もあり、西洋ではクローブと呼ばれて肉料理に使われる。

6

竜脳
りゅうのう

フタバガキ科の竜脳樹から採れる樹脂の結晶。竜脳樹は東南アジアのスマトラ島やボルネオ島に多く分布している。英語名ボルネオール。スッと鼻を抜けるさわやかな香りが特徴。古くからきつけ薬としての効果が知られ、仁丹などにも使用されている。

7

五種香
ごしゅこう

沈香、白檀、丁子をはじめ、5種類の和漢香料を細かく刻んでブレンドしたもの。ほかにも、合わせる香の数によって三種香、七種香、九種香、十種香などがあるが、おもに焼香の際に使用するため、近年ではこれらの香を総称して焼香と呼ぶのが一般的。

密教との深い関わり

香の日本における最初の記述は『日本書紀』に見ることができる。「595（推古天皇3）年4月のこと、淡路島にひと抱えもある木が漂着した。それが沈水（=沈水香木）であるとは知る由もない島民が、薪と一緒に火にくべたところ、得もいわれぬよい香りが漂ってきた。驚いた島民はこれは何か特別なものに違いないと考え、その木を朝廷に献上した」という内容だ。実際のところ香が日本に持ち込まれたのは、これより前の6世紀半ばと考えられている。仏教が日本に伝わった際に経典とともに持ち込まれたという説である。

仏教の生まれたインドでは、香には臭気を抑え、邪気を払う力があると考えられてきた。香りのもたらす神秘性に魅了されたからこそ、人はさまざまな宗教儀礼に香を用いたのだ。

仏教においても例外ではなく、香は祈りとともに御仏に捧げるものであった。香を薫じ、本尊、諸尊を礼拝供養する焼香は広く行われている。香にはまた、精神をリラックスさせたり覚醒させたりする作用もある。これを活用し、その修法に取り入れたのが真言密教である。本堂に入る前に必ず行うのが塗香。これにより心身や衣服を浄める。修法の際、あたりを浄めるために用いる香水は香を煮出したもの。護摩を焚く際は、さまざまな香を炎に投げ入れる。修行僧が伝法灌頂を受ける前には、丁子の風呂で必ず身を浄め、含香と呼ばれる口内を浄化するための香（丁子）を口に含んで噛みしめる。香は密教においてかように進化し、切り離すことのできない重要な素材となっている。

香の形状

刻み香

香の原材料を刻んだもの。単種または数種をブレンドし、おもに焼香や護摩を焚く際に使用する。

抹香

微細な粉末状の香。配合は異なるが、焼香の火種や、身体を浄める塗香として使われる。

練香

粉末状の香に蜂蜜や梅肉を加えて練り合わせ、粒状に固めたもの。おもに護摩を焚く際に使用する。

線香

粉末状の香を練り、細い棒状に固めて乾燥させたもの。一般的に供養や墓参り、参詣などに用いる。

Column

抹香を用いるとき

お勧めの場合

❶抹香を盛る
香炉に灰を入れ、そこに溝をつくり、抹香を載せていく。美しく手際よく香を盛ることも行のひとつであり、真剣勝負だ。

❷抹香に火を点ける
壇荘厳（だんしょうごん）に欠かせない火舎（かしゃ）にも同じく抹香が盛ってある。点火には線香を用いる。

page  灌頂  68 護摩  58

塗香（ずこう）の作法

参詣者が真言密教の香に触れる機会は、
高野山の宿坊に必ず置いてある塗香だろう。
修法（しゅほう）中の僧の塗香の作法とは異なるが、
ここでは、一般的な塗香の手順を紹介する。

Step 1 右手の親指と人差し指で塗香をつまみ、その塗香を左の掌に載せる。

Step 2 そのまま右手を載せ、両手をすり合わせる。

Step 3 両手の指を組む。

Step 4 全身にゆきわたらせるような気持ちで、組んだ指をそっと解く。

数珠

Keyword no. 094

じゅず

108個の珠ひとつひとつに思いを込めてつまぐる祈りに欠かせない法具

沈香尺三平玉（じんこう）

→奥深い香りを秘めた香木・沈香を使用した本連の数珠。長さは一尺三寸（約39センチ）。

御請来型念珠（ごしょうらい）

→伝法灌頂を受けた空海に、唐・青龍寺の恵果が授けた念珠を再現したもの。本水晶製。

天竺尺三平玉（てんじく）

↑僧が使う数珠としては歴史があり最もスタンダードなもの。天竺菩提樹の木の実を使用。

天竺尺半連（てんじく）

→108の珠を使った本連に対し、半連はその半分の54珠のものをいう。天竺菩提樹の木の実を使用。

祈禱や法会などに欠かせない
法具である数珠は、
サンスクリット語でジャパマーラーという。
ジャパは"ささやき、つぶやき"、
マーラーは"花環"という意味である。

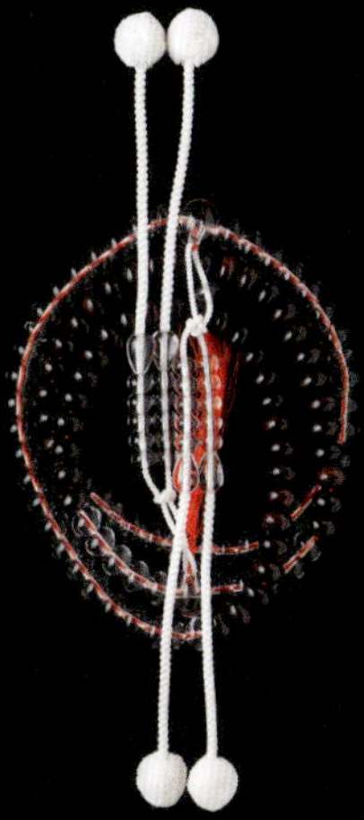

縞黒檀半装束（しまこくたん）

←主珠（子珠）を白水晶と縞黒檀で半分ずつ仕立てた半装束。法会で職務を務める僧が使用。

本水晶本装束

↑108珠すべてを水晶でつくる数珠は、導師のみが用いることのできる特別なもの。

御影念珠尺三玉（みえい）

←真如親王の筆になる弘法大師・空海の御影に描かれる数珠を再現したもの。

用途や立場によって使い分けられる僧の数珠

Chapter 4
Life in Koyasan
Keyword no.

094

Buddhist Prayer Beads

珠ひとつひとつの大きさや並びにも意味がある

祈りを捧げる際、小さな珠を糸で連ねた輪を手に取るのは仏教に限ったものではない。もともとはバラモン教やヒンドゥー教で礼拝の際に用いられていたとされ、仏教では数珠、キリスト教ではロザリオ（ポルトガル語）となった。

数珠は別名"百八丸"というように、108の主珠（おもだま）（子珠）からなり、それにふたつの母珠（親珠）を合わせて、絹の中糸でひとつの輪にしたものが基本的な形である。しかし宗派によって数珠のとらえ方や祈禱での使い方は異なり、個々の珠の名称や配置にも宗派による違いが見られる。108の主珠からなるものを本連、半分の54のものを半連、さらにその半分のものを四半連（しはんれん）と呼ぶ。

真言密教において数珠は特に重要な法具で、すべての主珠には仏の名がついている。その数珠を持って仏に念ずれば、108の煩悩は消滅して胎蔵界曼荼羅の108の諸尊に変わり、苦を抜き、楽を与える加持力が生じるとされているのである。母珠から8珠目と23珠目には四天珠（してんだま）と呼ばれる、他の子珠より小さい珠が挟まれている。これは真言陀羅尼を7遍、21遍、54遍、108遍唱える修法（しゅほう）が基になっている。

念じる際に使うため別名は念珠

経や念仏を唱える回数を数珠の珠で数えることもあり、数珠は念珠とも呼ばれる。

在家の数珠は宗派を問わず略式数珠が一般的

珊瑚八寸

↑仏教で七宝のひとつにも数えられる珊瑚を使用している。8寸は女性用の長さ。

瑠璃片手念珠

↑在家用として一般的な片手念珠は、本連の108珠に対して珠数をその半分や3分の1などに簡略化。

高野槇腕輪

↑金剛峯寺が管理する高野六木のひとつであるコウヤマキを使用。水に強い特徴を持つ。

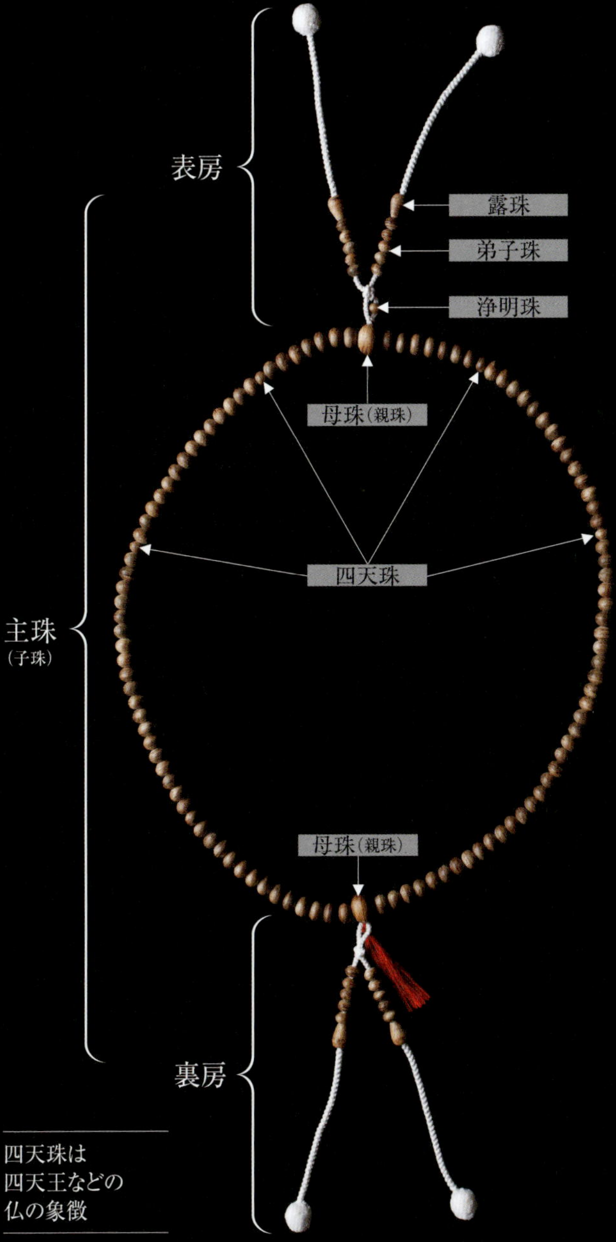

表房

露珠

弟子珠

浄明珠

母珠（親珠）

四天珠

主珠
（子珠）

母珠（親珠）

裏房

四天珠は
四天王などの
仏の象徴

母珠から8珠目と23珠目にある四天珠は、宗派によって異なるが、四天王や四菩薩を表すとされる。

Column

数珠の扱い方

数珠を扱う際は
人間を表す
左手を使う

仏教では右手は仏、左手は人間を表すとされ、浄めや煩悩を払うなどの意味から数珠は左手で扱う。在家の数珠として一般的な略式念珠の場合は着席中は左手首にかけ、歩くときは房を下にして左手に持つ。

数珠の専門書

数珠について
書かれた名著
『諸大宗数珠纂要』

1895（明治28）年に発行された那須大慶（なすだいけい）編纂『諸大宗数珠纂要』は、さまざまな数珠の起因や教典ごとの数珠のとらえ方、逸話などを図柄を交えて解説した、日本を代表する数珠の専門書である。

精進料理

Keyword no. 095

しょうじんりょうり

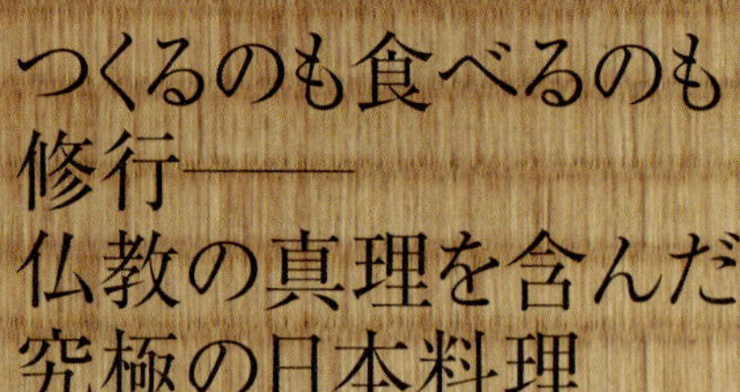

つくるのも食べるのも
修行——
仏教の真理を含んだ
究極の日本料理

Chapter 4
Life in Koyasan
Keyword no.

095

Buddhist Cuisine

平椀

中猪口（なかちょこ）

飯

宿坊での楽しみといえば精進料理。
肉や魚、香りの強い食材を使わず、
旬の野菜をふんだんに使って
仕上げる料理の美しさには、
"精進"する者の心意気が表れている。

本膳

精進料理は本膳と二の膳（ときに三の膳）からなるのが一般的。本膳には飯と汁椀、漬物を基本に、刺身こんにゃくなどでつくる活盛りなどが並ぶ。写真は秋の献立で、中猪口には、香りがよい高野山産の松茸を使用。

本来は楽しむものではなく、命をつなぐためのもの

鳥獣、魚介などの肉類や五葷(ごくん)(ねぎ、らっきょう、にら、にんにく、しょうがが一般的)と呼ばれる香りの強い野菜を避け、植物性の食品によって構成された料理を精進料理という。その対極にあるのが肉や魚を使うなまぐさ料理であり、仏教では“なまぐさ”を忌むが、精進料理とは単に肉食をせず香りの強い野菜を摂らないという意味ではない。

“精進”とは本来、精魂を込めて進むことをいう。最古の原始仏典とされる経典・スッタニパータで釈迦は、なまぐさとは「生物(いきもの)を殺すこと、打ち、切断し、縛ること、盗むこと、嘘をつくこと、詐欺、だますこと、邪曲を学習すること、他人の妻に親近すること」、「この世において欲望を制することなく、美味を貪り、不浄の(邪悪な)生活をまじえ、虚無論をいだき、不正の行いをなし、頑迷な人々」、「粗暴・残酷であって、陰口を言い、友を裏切り、無慈悲で、極めて傲慢であり、ものおしみする性(たち)で、なんぴとにも与えない人々」、「怒り、驕(おご)り、強情、反抗心、偽り、嫉妬、ほら吹くこと、極端の高慢、不良の徒と交わること」、「この世で、性質が悪く、借金を踏み倒し、密告をし、法廷で偽証し、正義を装い、邪悪を犯す最も劣等な人々」、「この世でほしいままに生きものを殺し、他人のものを奪って、かえってかれらを害しようと努め、たちが悪く、残酷で、粗暴で無礼な人々」、「これら(生けるものども)に対して貪り求め、敵対して殺し、常に(害を)なすことにつとめる人々は、死んでからは暗黒に入り、頭を逆(さかさ)まにして地獄に落ちる」(『ブッダのことば』岩波書店、中村元訳より)ことと説く。つまり、殺生をせず、戒律に基づいて自らを律し、修行に励む者が命をつなぐために食べることも精進のひとつであり、その食事が精進料理なのである。

二の膳

旬の食材を使った油物(天ぷら)や煮物などが並ぶ。三の膳がある場合はデザートやおみやげが並ぶのが一般的。

同時に配膳する本膳と二の膳は前後にずらして並べる。

←本膳 ↑二の膳

宿坊 — page 142

096　高野豆腐／ごま豆腐

こうやどうふ／ごまどうふ

精進料理に欠かせない二大豆腐

板に並べて豆腐を凍らせ、高野豆腐をつくっている。『紀伊國名所圖會』より（国立国会図書館蔵）

ごまの皮をむき、芯の部分からつくるのが基本

ごま豆腐には、ごまを皮ごと擂（す）りつぶしてつくるものもあるが、高野山では、ごまの皮をむいて芯の部分のみを使い、白く仕上げるのが一般的。

高野豆腐は、高野山の僧が精進料理として食べていた豆腐が厳しい寒さで凍ってしまい、翌朝、解凍して食べたところ食感がよく、おいしかったことから全国に広まったといわれる。凍(し)み豆腐、連豆腐、ちはや豆腐など地方により呼び名は違うが、JAS（日本農林規格）ではこれらをまとめて凍(こお)り豆腐としている。

高野豆腐という名前ではあるものの、現在ではその生産量の8割以上を長野県が占める。よりやわらかな食感を好む現代人の嗜好に合わせ、でんぷんや重炭酸ナトリウム（重曹）を使った膨軟(ぼうなん)加工法が一般的になっているが、宮城県の岩出山(いわでやま)凍み豆腐、福島県の立子山(たつごやま)凍み豆腐など、天然凍結、天然乾燥など昔ながらの製法を今に伝える、風味と弾力に富んだ凍り豆腐も少なくない。

一方のごま豆腐は、調理に“精進”が必要とされる豆腐である。豆腐とは名前がついていても大豆は一切不使用。原料はごまと葛と水である。擂(す)った白ごまを搾り、水で溶いた葛粉と合わせて火にかけ、鍋底に一文字が書けるまで30分以上、木べらでひたすら練ってつくる。

巷では、葛以外のでんぷんや大豆などを使ったごま豆腐を目にすることもあるが、まったくの別物である。“手間も食べていただく”という、精進料理のもてなしの心を知れば、香り豊かなごま豆腐がお膳の顔として供されることに深くうなずける。

振舞料理

Keyword no. 097

ふれまいりょうり

儀式・催事後に
僧によって僧のために
振る舞われる
宴席料理

Chapter 4
Life in Koyasan
Keyword no.

097

Furemairyori

僧が僧に振る舞う宴席料理は、
もてなす側にも、もてなされる側にも
厳格な作法がある。
そこに込められているのは、
食に感謝する心である。

向皿

汁椀

本膳

朝・昼の食事の際には、自分の食事から飯粒を取り分け、神仏に供える生飯を供する。本膳、二の膳のほかに焼物、蒸物、煮物などの追鉢（おいばち）や、大平（おおびら）という麺料理が振る舞われる。

盛干（もりほし）

筍羹（しゅんかん）

二鉢

二の膳

筍羹は旬の野菜、乾物、生麩類を使った炊き合わせ、盛干は旬の果物、大きな菓子と寿司などを盛り合わせたものである。

同時に配膳する本膳と二の膳は前後にずらして並べる。

←本膳 ↑二の膳

Chapter 4
Life in Koyasan
Keyword no.

097

Furemairyori

ねぎらいの心を込めて振る舞われる斎食（さいじき）

高野山には、儀式や催事の際に主催する寺院が参列の僧をもてなす振舞（ふれまい）料理というものがある。振舞料理はすべて本膳料理形式であり、一汁三菜、二汁五菜、二汁七菜などの膳組で構成される。振る舞う側と振る舞われる側それぞれに、給仕の立ち居振る舞いから箸の進め方に至るまでさまざまな作法があり、食事そのものが精進であることを知る。

その場で食べる料理と、筍羹（しゅんかん）、盛干（もりほし）というみやげとして持ち帰る料理があるのも特徴で、本膳と水物、麺類のみを食し、その他の料理は自院に持ち帰るのが基本である。

また、いつ頃からかは分からないが高野山では、参詣登山する身分の高い人たちへのもてなし方の手引きのようなものがつくられ、高野山の山上山下の公事（くじ）などを行い、法務・俗務すべてに関知した年預（ねんにょ）や年預代（ねんにょだい）という役職者の間でその手順が申し送りされていた。

その献立表には岩茸、蓼（たで）、慈姑（くわい）、揚麩、蓮根、干瓢（かんぴょう）、栗、牛蒡（ごぼう）、羊羹、蜜柑などの品が見られ、旬の食材や特産品が取り入れられていることが分かる。そこには、現代の宿坊で味わうことのできる精進料理につながるもてなしの心が感じられる。

法印以上の高僧のみが使う金剛峯寺の朱膳（あかぜん）

茶碗は朱塗天目台付き。大平椀は麺料理用の椀。湯桶には飲み物（焼きおにぎりにお湯を注いで塩で味を調えた"湯の子"や日本酒）を入れる。

page
精進料理 220
生麩 227
宿坊 142

Keyword no. 098

般若湯

はんにゃとう

心身の薬として親しむべき智慧の酒

鮪の刺身は赤豆腐、卵は御所車など、仏教には食に関する隠語が存在し、酒を意味する隠語として般若湯がある。キリスト教でワインは血を意味し、儀礼や儀式にも使用されている。また日本の神道には酒の神がおり、神棚にはお神酒(みき)を供える。一方、仏教では、禅宗寺院の山門で「不許葷酒(くんしゅ)入山門」——葷(香りの強い野菜)と酒が山門に入ることを許さずと刻まれた石碑を見ることもあり、殺生や盗みを禁じた仏教五戒でも"不飲酒戒"として、そもそも酒を禁じている。ただしこれは、飲酒の行為そのものではなく、泥酔による他の戒律の侵犯を危惧して律したものという解釈がある。それでも大っぴらに飲むのは気が引ける——般若湯という隠語はそんな思いが生み出したのかもしれない。般若は梵語で智慧を意味し、酒は真理へ導く薬であるとも考えられる。

空海は『御遺告(ごゆいごう)』の中で、塩とともに酒を飲む塩酒(おんしゅ)について触れており、「酒は病を治す薬で、とりわけ風邪の特効薬である。治療のための塩酒を許す」としている。厳寒の高野山では、寒さをしのぐ意味から、梅干や塩を入れて飲む習慣もあった。

Keyword no. 099

生麩

なまふ

素朴ながら彩りを添える精進料理の花

食感のいい生麩は色も形もさまざま

黄色の粟麩、緑色のよもぎ麩など練り込む食材によって色が異なるもののほか、もみじや梅などの形に成形したものもある。

麩というと焼き麩が一般的だが、高野山では昔から生麩のみを製造している。小麦粉を水で練り、成形してゆでるだけという生麩は、もっちりとした独特の食感があり、煮てよし、揚げてよし、色をつければ彩りにもよしと、高野山の精進料理に欠かせない食材である。

生麩で小豆餡をくるんだ麩まんじゅう(あんぷ)はもともと、汁物に入れたり、煮物にしたりして食べるものであったが、現在ではよもぎを練り込んだ生麩で小豆餡をくるみ、それを笹で巻いた笹巻あんぷという、そのまま食べられるものもある。高野山の笹巻あんぷは、山のみやげとしても人気だ。

修行僧の食事

Keyword no. 100

しゅぎょうそうのしょくじ

厳格な戒律の中で味わう修行としての精進料理

Chapter 6 Life in Koyasan Keyword no.

100

塩

漬物

小豆粥

Trainee Monks' Meals

朝

朝勤行（ごんぎょう）、下座行（げざぎょう）後に食す

朝食は、一日3食の中でも最も質素で、飯は粥が基本である。4時に起床し、朝勤行と下座行（掃除）の後に食す。

厳しい修行の毎日の中で食す
質素な精進料理は、
修行に耐えうる体を養うとともに、
仏の道を精魂込めて進む
“精進”そのものでもある。
漬物
麦大豆ご飯
けんちん汁
昼

昼食は午前中のうちに摂る

僧は朝の托鉢で得た食物を午前中のうちに食さなければならないという仏戒に則り、昼食は午前中のうちに摂る。

体を養う薬食として味わう

本来の仏戒では、僧は午後に食事を摂らないが、現代では薬食として夕食を摂る。朝食、昼食と異なり、おかずが数皿並ぶ。

精進料理の真理たる精進のために摂る食事

高野山には宿坊で味わう精進料理がある一方で、高野山専修学院をはじめとする修行道場では、昔ながらの修行としての精進料理もある。

仏戒では、僧は朝の托鉢で得た食物を午前中のうちに食さなければならないとされている。修行道場では昔ながらの厳しい戒律のもとに毎日をくらすことになるが、食事に関しては、午前と午後に分けて一日3食を摂るのが現代では一般的になっている。

食事の内容はきわめて質素。4時に起床し、朝の勤行と下座行（掃除）を終えたのち、朝食は小食として水分の多い粥を摂る。昼食は戒律に則って午前中のうちに一汁一菜を摂り、夕方には、おかずが数品並ぶ薬食と呼ばれる夕食を摂る。毎食、長い偈文を唱えるなど、さまざまな食事作法に則り、食事によって仏道に励むための命をつなぐありがたさを噛みしめながら食事をする。これこそが本来の精進料理である。

修行で気づく食のありがたさ

厳しい自然環境のもと、絶えず空腹を感じながら、早朝から夜まで修行に励む。修行僧は、その過酷な環境の中で、食のありがたさや命の尊さを学ぶ。

page
精進料理 —  220　宿坊 —  142　修行の場 — 231

Keyword no. 101

修行の場

しゅぎょうのば

高野山にある僧になるための修行道場

高野山には、僧になるための四度加行を修める場として高野山専修学院（女性は高野山専修学院尼僧部）、真別処円通律寺などがある。高野山専修学院は全寮制で修行年限は1年、尼僧部も全寮制だが修行期間は約120日間となっている。真別処円通律寺は山奥にある女人禁制の修行学院で、約100日間で四度加行を修める。

いずれの修行道場でも毎日、起床から就寝までをさまざまな戒律に則ってくらすことになる。

修行僧たちが修行に励む高野山専修学院

全寮制の高野山専修学院では、俗世と隔たった環境で、修行僧たちが心身を研ぎ澄ますようにして修行に励んでいる。

Data

高野山専修学院（宝寿院）
こうやさんせんしゅうがくいん（ほうじゅいん）

- 和歌山県伊都郡高野町高野山223
- 地図／P244-B3

やまのしき

山の四季

Keyword no. 102

山上の宗教都市を彩る四季折々の風景

Chapter 4
Life in Koyasan
Keyword no.

102

The Four Seasons in Koyasan

紀伊山地の最北、山々に囲まれた高野山。
840メートルという標高ゆえ、さわやかな夏は短く、
雪に閉ざされる冬は長い。
自然が織りなす四季折々の表情は豊かで、
温かくもあり、厳しくもある。

春

Spring

鳥のさえずりと
草木や花々の芽吹きが
華やかな季節の
始まりを告げる。

厳しい寒さがゆるむ3月末、ミソサザイの可憐なさえずりが高野山に春を告げる。

まだ肌寒い空の下でサクラが花開くのは、麓より20日ほど遅い4月中旬。なかでも、豊臣秀吉が愛でた清浄心院（しょうじょうしんいん）（→P147）の傘桜は、その枝ぶりからも500年という樹齢からも、高野山一の名木だといわれる。

散りゆくサクラに代わって咲くのは、高野山の花に指定されるシャクナゲだ。とりわけ国宝・多宝塔を彩る金剛三昧院（→P147）のシャクナゲは、見る者に忘れがたい感動を残してくれる。

咲き誇る花々が
伽藍の堂塔や塔頭寺院に
可憐な彩りを添える。

生命の息吹を感じる
緑豊かな夏の午後。
山上をわたる
さわやかな風に吹かれる。

Chapter 4
Life in Koyasan
Keyword no.
102

夏

The Four Seasons in Koyasan

高野山の夏は短い。最高気温が30℃を超える日はほとんどなく、多くの観光客が避暑を求めてやってくる。ハルゼミ、エゾハルゼミ、ニイニイゼミ、ヒグラシ、エゾゼミ、ミンミンゼミ、ツクツクボウシ……と秋に向かって移りゆくセミの鳴き声は、どれも涼やかでやさしい。

8月上旬に白いヒヨドリバナが咲き始めれば、秋はすぐそこ。一の橋から続く奥之院の参道を10万本のろうそくが照らす8月13日の萬燈供養会(まんどうくようえ)を迎える頃、高野山の短い夏は終わる。

Keyword no. 103

切子灯籠

きりこどうろう

祖先の霊を導く道しるべはお盆の風物詩

高野山の夏の行事のひとつに盂蘭盆会(うらぼんえ)、いわゆるお盆がある。8月10日、山内の各寺院は奥之院の燈籠堂で燃える"消えずの火"を持ち帰り、その火を切子灯籠に移して仏を迎える準備をする。切子灯籠は、白木の枠に白い和紙を貼り、その下に長い和紙4枚を垂らした灯籠で、その明かりは祖先の霊が戻るための目印とされる。"消えずの火"は油灯籠にも移され、お盆が終わるまで灯し続けられる。

軒に吊るす切子灯籠と
供え物が並ぶ精霊棚で
祖先の霊を迎える。

102

The Four Seasons in Koyasan

Autumn

色鮮やかな紅葉が
頭上はもちろん
境内や石段など
足下をも埋めつくす。

秋

彼岸を過ぎると、早くも朝晩の冷え込みが激しくなる高野山。

10月初旬にはカエデやイチョウが華やかに山を染め始める。金剛峯寺の入口を彩るのは、燃えるような黄金と深紅のカエデ。金剛峯寺から壇上伽藍へと続く蛇腹路（じゃばらみち）には、見事な紅葉のトンネルができあがる。

そんなにぎわいの中、秋の終わりを告げるかのように冬鳥であるカモが渡来する。生きものたちはあわただしく冬ごもりの支度を始め、11月には長い冬が始まる。

Keyword no. 104

高野六木

こうやりくぼく

古くから守り育てられてきた6種類の樹木

マツ、スギ、ヒノキ、マキ(コウヤマキ)、モミ、ツガを指す。六木はまっすぐな材を得やすく、気候に適合していることから、高野山上の寺院建築に多く用いられた。ヒノキとコウヤマキが最も多く、モミ、ツガ、スギがこれに次ぎ、マツは最も少ない。壇上伽藍の御影堂前には、空海が唐から投げた三鈷杵がかかったという三鈷の松がある。スギは不動坂、奥之院の参道に高くそびえ立つ。また高野山ではヒノキとコウヤマキに重きを置く伝統があり、コウヤマキは仏前の供花や高野山のみやげとしても知られる。

壇上伽藍へ続く
蛇腹路には
紅葉のトンネルができる。

冬

Winter

寒風が吹きすさぶ中、
奥之院の水行(すいぎょう)場(ば)に
行者たちが一心に唱える般若心経が響く。

長く厳しい冬。気温が氷点下となる日も多いため訪れる人は少なく、高野山はひっそりと静まり返る。

11月上旬には初霜が降り、雪は12月を待たずに降り出す。古(いにしえ)の建築物と純白の雪が生み出すコントラストの鮮やかさは、冬の高野山らしい趣だ。

2月下旬、寒さがわずかに和らぐと、銀色の綿毛に包まれたネコヤナギの花芽が顔を出す。開花はまだまだ先のことだが、力強い若芽から春の足音が聞こえてくるようだ。

Chapter 4 Life in Koyasan Keyword no. 102

The Four Seasons in Koyasan

Keyword no. 105

宝来

ほうらい

めでたい切り絵は注連縄(しめなわ)代わりの縁起物

高野山発祥の切り絵で、山内の寺院や家庭の床の間、神棚などに掲げられる。空海が唐からもたらしたと伝わり、かつて稲藁を手に入れることが難しかった高野山で、注連縄の代わりの縁起物として受け継がれてきた。壽の文字、宝珠(ほうしゅ)、型から毎年新しく起こす干支などが基本的な文様で、一年を通して飾る。年末には、新年を迎える準備として新しい宝来と張り替える。今でも手作業でつくられている。

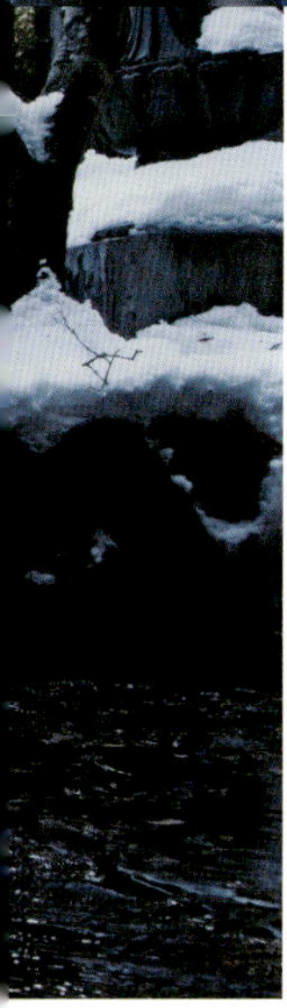

Chapter 4 Life in Koyasan Keyword no. 105

Horai

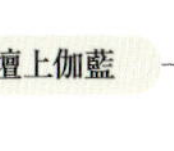

壇上伽藍 — 82

3月に入っても
雪はなお
ちらつくことがある。

高野紙

Keyword no. 106

こうやがみ

空海が伝えたともいわれる幻の和紙

Chapter 4 Life in Koyasan Keyword no.

106

Koyagami

原料となるコウゾの皮は幹からはぎ取る。

高野紙は高野山麓で漉かれる和紙の総称で、平安時代頃から漉かれていたといわれる。高野山において写経用紙や高野版（こうやばん）の印刷などに大量の紙が必要であったことから、その需要の増加に伴って発展した。経文や諸文書など書写用の上質紙である次第紙（しだいがみ）や傘紙（かさがみ）、障子紙、紙衣（かみこ）、島包紙（しまづつみがみ）、大帳紙などに用いられた。またその名称も、のちに埼玉県小川町などで主要製品となった細川（ほそかわ）や高野中折（なかおり）、入川笠紙（にゅうかわかさがみ）、川根（かね）、美濃森下、大和森下、蛇の目紙、まつばぢ紙、かんがす紙などさまざまなものがあった。

高野紙を漉くには、萱簀（かやす）を用いる。簀編み用の萱は、高野山の標高1000メートルほどに生息する細長く節の間の長いススキを用いて、簀は手づくりする。そうした紙漉きの技はかつて、西郷・東郷・河根（繁野）・椎出・笠木・下

手づくりの萱簀（かやす）で一枚ずつ丁寧に漉く

←中坊さんから技を受け継いだ飯野尚子さん。外皮を取った白皮コウゾを約2時間煮てアクを抜き、木槌で叩く。紙の色は季節によって変わるという。

空海の伝説 page 164 高野版 241

Keyword no. 107

高野版

こうやばん

山の出版物を支えた約800年の歴史を持つ印刷技術

高野版は鎌倉中期以降、高野山で刊行された出版物の総称で、丈夫で厚手の高野紙を用いたものが多い。現存する最古の高野版は、1253(建長5)年刊行の『三教指帰』といわれる。経師(版木をつくる職人)が木から彫り出す版木は精密で、真言密教の経典はもちろん、曼荼羅や仏画なども製作された。高野山には貴重な版木が今なお数多く残されている。

「生漉きにて虫いらず、水に入りて破れず、墨付きはあらざれども、力ははなはだ強し」
——高野十郷と呼ばれた
小さな村々で漉いた
丈夫で厚手の高野紙は、
全国津々浦々で重宝がられた。

古沢・中古沢・上古沢・西細川・東細川(裏神谷・池の峯)という高野町域と九度山町域にわたる10の小さな村々で受け継がれてきた。これらは紙漉きえびす講という同業組合が組まれていた集落で、高野十郷と呼ばれた紙郷である。近年までは、九度山町下古沢の中坊佳代子さんがただ一人、傘紙の技を今に伝えていた。「幼い頃から始めないとよい紙は漉けない。お嫁さんに来た人が漉き始めてもよい紙はなかなか漉けない」と語る中坊さんは70有余年、高野紙を漉き続けたが、2006(平成18)年に高齢のため廃業した。

『秘蔵宝鑰』の板木

1999(平成11)年には九度山町に高野紙の伝統文化と技術を伝える体験施設『紙遊苑』が開苑した。また中坊さんに師事し、高野紙を漉き始める者が現れ、高野町細川でも紙漉きが復興しつつあるなど、高野紙の伝統は細々とではあるが受け継がれている。

高野版は鎌倉時代に幕府の庇護で発展

上は『秘蔵宝鑰(ほうやく)』の板木(藤井文政堂蔵、写真:奈良大学博物館提供)。下は南北朝時代の『梵字悉曇字母并釈義(ぼんじしったんじもならびにしゃくぎ)』(和歌山県立博物館蔵)。

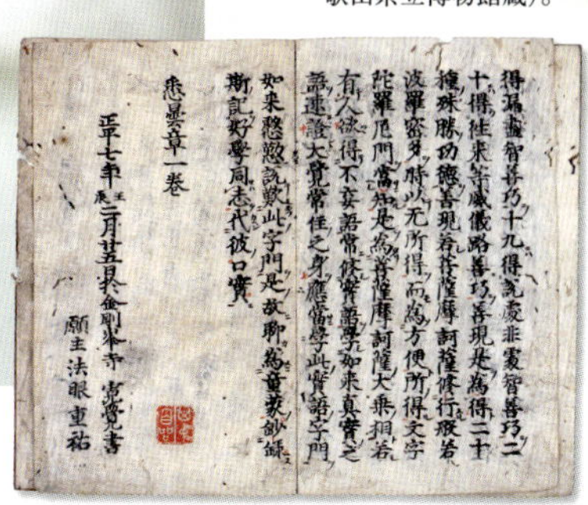

山のみやげ

Keyword no. 108

真言密教の
聖地に生まれ
受け継がれてきた逸品

麩焼き

和三盆を塗った
麩を焼いた菓子。
金剛峯寺のみで販売。

笹巻きあんぷ

餡を生麩で包んだあんぷは
つるりとした食感が美味。
熊笹の葉で巻いてある。

香

天然の香料を使用して
高野山で製造される香。
線香、塗香など種類豊富。

陀羅尼助（だらにすけ）

高野山開創当時から
伝わる胃腸薬。
僧の眠気覚ましが
由来ともいわれる。

ごま豆腐

ごまを擂(す)って
吉野葛と高野山の天然水を合わせ、
じっくりと火にかけ練り上げる。
コクとなめらかな舌触りが特徴。

page
金剛峯寺 — 106　精進料理 — 220　奥之院 — 94　入定 — 192

Chapter 4 Life in Koyasan
Keyword no.

108 Souvenirs

「ありがたや　高野の山の岩かげに　大師はいまだ　おわしますなる」――高野山が1200年にわたり聖地であり続けている理由は、まさにこの有名な御詠歌が伝えるとおりだ。今もこの地に生き、人々を見守り救い続ける弘法大師・空海のために、金剛峯寺では今でも一日2回、精進料理を奥之院へと運んでいる。それは、入定後一度も欠かすことなく連綿と続けられてきた。かくして仏教と深い関わりのある精進料理は、高野山を代表する食事となっていった。その影響もあり、高野山のみやげ物にはごま豆腐や生麩を使った菓子など精進料理から派生したものが見られる。そのほか、香や数珠、仏具といった仏教関係の品はもちろん、陀羅尼助という真言密教の聖地ならではの薬も有名だ。これらのみやげ物は、霊場高野山の清浄な空気と、そこで過ごした貴重な体験を想起させてくれるに違いない。

焼き餅
薄い餅でつぶ餡を包んで焼き上げる。816(弘仁7)年、高野山開創当時、一人の老婆が塩焼き餅をつくったのがその始まりとされる。

真言密教の修禅の場である高野山。
この特殊な環境から生まれた食べ物や薬は、長い時間をかけて
この地にくらす人々の生活に溶けこみ、進化していった。
それらは今、高野山ならではのみやげとして
人気を博している。

生身供 ―194　高野豆腐／ごま豆腐 ―223　生麩 ―227　香 ―212　数珠 ―216

高野山全図
Koyasan Map
金剛峯寺
こんごうぶじ
大門
だいもん
壇上伽藍
だんじょうがらん
至 高野山駅
女人堂（不動坂口）
蓮華定院
西室院
徳川家霊台
浪切不動尊
南院
福智院
光臺院
龍泉院
高野幹部交番
橋本警察署
高野山病院
高野町役場
本覺院
無量光院
警察前
本王院
一乗院
蓮花院
巴陵院
一心口
浪切不動前
女人堂
高野山高校
高野山専修学院（宝寿院）
正智院
宝城院
西禅院
明王院
龍光院
親王院
総持院
六時の鐘
高校前
大塔口
金剛峯寺前
千手院橋（西）
千手院橋（東）
中央案内所
珠数屋四郎兵衛
安養院
金剛三昧院
高野山大学
高野山小学校
天徳院
常喜院
高野町観光情報センター
高野山大師教会
釈迦文院
成就院
増福院
勧学院
霊宝館前
高野山霊宝館
遍照尊院
桜池院
宝亀院
報恩院
金堂前
愛宕前
弁天前
西南院
大門
お助け地蔵
町石道
西塔
孔雀堂
准胝堂
御影堂
根本大塔
愛染堂
大会堂
三昧堂
東塔
智泉廟
鐘楼
三鈷の松
金堂
蛇腹路
不動堂
大塔の鐘
御供所（納経所）
御社
山王院
六角経蔵
中門

D
E
F
1
2
3
4
弘法大師御廟
こうぼうだいしごびょう
燈籠堂
みろく石
織田信長供養塔
豊臣家墓所
御廟橋
ごびょうばし
御供所
松平秀康及び同母霊屋
高麗陣敵味方戦死者供養碑
一番石塔
英霊殿
姿見の井戸
汗かき地蔵
棺掛桜
中の橋案内所
中の橋
明智光秀供養塔
奥の院前
熊谷直実・平敦盛供養塔
司馬遼太郎文学碑
奥州仙台伊達家供養塔
一の橋
奥之院参道
おくのいんさんどう
清浄心院
赤松院
苅萱堂前
地蔵院
遍照光院
三宝院
摩尼宝塔
成福院
持明院
不動院
蓮花谷
北室院
苅萱堂
上池院
密厳院
大明王院
光明院
恵光院
熊谷寺
宝善院
一の橋口
奥の院口
一の橋案内所
玉川通
シャクナゲ園
多目的広場
転軸山公園前
鳥の池
中之橋霊園
総合グラウンド
テニスコート
高野山中学校
中学校前
N
0
200
400
600
800
1km
和歌山
日本海
兵庫
京都
滋賀
愛知
大阪
奈良
三重
太平洋
至なんば
橋本駅
JR和歌山線
南海高野線
紀ノ川
極楽橋駅
高野山ケーブル
高野山駅
金剛峯寺
高野山
10km
8
6
4
2
0

参考文献・参考資料

五十音順

●『朝日 日本歴史人物事典』(朝日新聞社編　朝日新聞社) ●『あなただけの弘法大師空海』(松長有慶監修　小学館) ●『あなたの知らない空海と真言宗』(山折哲雄監修　洋泉社) ●『板碑の総合研究<1>総論』(坂詰秀一編　柏書房) ●『インド密教の仏たち』(森雅秀著　春秋社) ●『エコ旅ニッポン6　高野山を歩く旅』(山と渓谷社編著　山と渓谷社) ●『改訂新版 世界大百科事典』(平凡社編　平凡社) ●『かうやがみ』(中川善教著　便利堂) ●『華苑』Vol. 12-16(和泉吉記著　高野槇専門店いづみ) ●『苅萱と石童丸絵傳』(二宮金嶺画　苅萱堂) ●『枯山水』(NHK「美の壺」制作班編集　日本放送出版協会) ●『紀伊植物誌』(小川由一著　紀伊植物誌刊行会) ●『紀伊続風土記』(仁井田好古編　歴史図書社) ●『紀伊国名所図会』(加納諸平編　歴史図書社) ●『京都・宗祖の旅　空海』(澤田ふじ子著　淡交社) ●『空海』(三田誠広著　作品社) ●『空海・高野山の教科書』(総本山金剛峯寺、高野山大学監修　枻出版社) ●『空海辞典』(金岡秀友編　東京堂出版) ●『空海と真言宗 知れば知るほど』(宮坂宥洪監修　実業之日本社) ●『空海と密教美術展』図録(東京国立博物館、読売新聞社、NHK、NHKプロモーション編集　東京国立博物館) ●『空海七つの奇蹟』(鯨統一郎著　祥伝社) ●『空海の道』(永坂嘉光、静慈圓著　新潮社) ●『芸術新潮』1963年5月号(芸術新潮編集部編集　新潮社) ●『芸術新潮』2011年8月号(芸術新潮編集部編集　新潮社) ●『袈裟のはなし』(久馬慧忠著　法藏館) ●『弘法大師　空海全集』第六巻(弘法大師空海全集編集委員会編集　筑摩書房) ●『弘法大師 伝承と史実』(武内孝善著　朱鷺書房) ●『弘法大師入唐一二〇〇年記念　伽藍御影堂と弘法大師信仰』(高野山霊宝館編集　高野山霊宝館) ●『高野山』(Kankan写真　JTBパブリッシング) ●『高野山奥の院の燈明信仰(1)』(日野西眞定著　まつり同好会) ●『高野山奥の院の墓碑をたずねて』(日野西眞定監修　高野山宿坊協会、高野山観光協会、高野山参詣講) ●『高野山開創一二〇〇年記念 高野山の名宝』図録(サントリー美術館、あべのハルカス美術館、読売新聞大阪本社編集　読売新聞大阪本社) ●『高野山 弘法大師空海の聖山』(別冊太陽)(井筒信隆編集　平凡社) ●『高野山四季の祈り—伝灯の年中行事』(矢野建彦、日野西眞定著　佼成出版社) ●『高野山　その歴史と文化』(松長有慶著　法藏館) ●『高野山と吉野・紀伊の古寺』(下出積與著　集英社) ●『高野山の精進料理』(高野山真言宗総本山金剛峯寺監修　学習研究社) ●『高野山の名宝　密教曼荼羅・コスモスの世界』(高野山霊宝館編集　高野山霊宝館) ●『高野山民俗誌(奥の院編)』(日野西眞定著　佼成出版社) ●『高野山物語(名刹歳時記)』(加藤楸邨、陳舜臣、白洲正子編集　世界文化社) ●『高野大師行状図画の世界—親王院本をめぐって—』(武内孝善著　親王院堯榮文庫) ●『高野町史　史料編』(高野町史編纂委員会編　高野町) ●『高野町史　民俗編』(高野町史編纂委員会編　高野町) ●『高野の手仕事』(高野町編　高野町) ●『高野板の研究』(水原堯榮著　森江書店) ●『古寺をゆく 2 高野山』(小学館「古寺をゆく」編集部編　小学館) ●『酒の話』(小泉武夫著　講談社) ●『時空旅人 Vol.20「高野山1200年の史実」』(男の隠れ家特別編集　三栄書房) ●『重森三玲モダン枯山水』(重森ゲーテ監修、大橋治三写真　小学館) ●『実修 真言宗の密教と修行』(大森義成著　学研パブリッシング) ●『週刊　原寸大　日本の仏像45　葛井寺 千手観音と獅子窟寺・薬師如来』(講談社総合編纂局、エディット・サボ編集　講談社) ●『宗教年鑑　平成24年度版』(文化庁編　ぎょうせい) ●『十八本山巡拝案内記』(真言宗各派総大本山会編集　真言宗各派総大本山会) ●『宿坊に泊まる』(宿坊研究会編集　小学館) ●『詳解 空海と真言宗』(福田亮成監修　学研パブリッシング) ●『精進料理大事典』(仏教料理研究会編　雄山閣) ●『真言・梵字の基礎知識』(大法輪編集部編集　大法輪閣) ●『新撰紙鑑』〔復刻版〕(木村青竹編　光彩社) ●『真如親王伝研究:高丘親王伝考』(杉本直治郎著　吉川弘文館) ●『新編　名宝日本の美術　第7巻　東寺と高野山』(関口正之著　小学館) ●『図解 高野山のすべて』(高野山真言宗総本山金剛峯寺監修　宝島社) ●『図解 仏像がわかる事典』(谷敏朗著　日本実業出版社) ●『図解 密教のすべて』(花山勝友監修　光文社) ●『すぐわかるマンダラの仏たち』(頼富本宏著　東京美術) ●『図説　あらすじで読む日本の仏様』(速水侑監修　青春出版社) ●『図説　密教入門』(大栗道榮著　鈴木出版) ●『世界遺産 高野山の歴史と秘宝』(井筒信隆著　山川出版社) ●『続日本の絵巻10 弘法大師行状絵詞 上』(小松茂美編集　中央公論社) ●『続日本の絵巻11 弘法大師行状絵詞 下』(小松茂美編集　中央公論社) ●『大宇宙のドラマ　空海・その人と教え』(金岡秀友ほか著　鈴木出版) ●『第二十三回高野山大宝蔵展　高野山の信仰と子院の秘宝』(高野山霊宝館編集　高野山霊宝館) ●『知識ゼロからの空海入門』(福田亮成監修　幻冬舎) ●『中国書道史事典』(比田井南谷著　雄山閣出版) ●『説き語り日本書史』(石川九楊著　新潮社) ●『徳川将軍家墓碑総覧』(秋元茂陽著　パレード) ●『謎の空海　誰もがわかる空海入門』(三田誠広著　河出書房新社) ●『日本人名大辞典』(上田正昭、西澤潤一、平山郁夫、三浦朱門監修　講談社) ●『仏像図典』(佐和隆研編　吉川弘文館) ●『仏像なぜなぜ事典』(大法輪閣編集部編集　大法輪閣) ●『仏像の事典』(熊田由美子監修　成美堂出版) ●『仏尊の事典—壮大なる仏教宇宙の仏たち』(関根俊一編　学研パブリッシング) ●『ブッダのことば』(中村元訳　岩波書店) ●『梵字でみる密教　その教え・意味・書き方』(児玉義隆著　大法輪閣) ●『梵字の諸法　真言密教ほとけの文字』(児玉義隆著　大法輪閣) ●『まんがと図解でわかる空海と密教』(別冊宝島)(島田裕巳監修　宝島社) ●『密教大辞典』(密教学会著、密教辞典編纂会編纂　法藏館) ●『密教入門』(青木康編集　宝島社) ●『密教の本—驚くべき秘儀・修法の世界』(神代康隆、金澤友哉、不二龍彦、豊島泰国著　学研) ●『目でみる仏像④　大日・明王』(田中義恭、星山晋也著　東京美術) ●『よくわかる日本庭園の見方』(齋藤忠一著　JTB) ●『霊場高野山　弘法大師御入定千百五十年御遠忌大法会記念』(加藤融光、松長有慶、富永博次、永坂嘉光編集　高野山真言宗総本山金剛峯寺　弘法大師御入定千百五十年御遠忌大法会事務局) ●『わたしの家の宗教1 図解 ひと目でわかる！真言宗』(学研ムック編集部編　学習研究社)

参考ウェブサイト

五十音順

- 一般社団法人高野山宿坊協会・有限会社高野山参詣講
  http://www.shukubo.net
- 大林組
  http://www.obayashi.co.jp
- 京都観光Navi
  http://kanko.city.kyoto.lg.jp
- 京都市歴史資料館 情報提供システム「フィールド・ミュージアム京都」
  https://www.city.kyoto.jp/somu/rekishi/fm
- 国指定文化財等データベース
  http://www.bunka.go.jp/bsys
- 高野山高等学校
  http://www.koyasan-h.ed.jp
- 高野山西禅院
  http://www.koya.or.jp
- 高野山 宿坊 櫻池院・成慶院
  http://www007.upp.so-net.ne.jp/yochiin
- 高野山真言宗 総本山金剛峯寺
  http://www.koyasan.or.jp
- 高野山大学デジタルアーカイブ
  http://homepage3.nifty.com/fjosh/da1
- 高野山・別格本山天徳院
  http://www.h3.dion.ne.jp/~tentoku/info.htm
- 高野山 別格本山 本覚院
  http://www.hongakuin.jp
- 高野山宝善院
  http://www.osk.3web.ne.jp/~hozenin
- 高野山 霊宝館
  http://www.reihokan.or.jp
- 国立国語研究所蔵 古今文字讃 閲覧システム
  http://dglb01.ninjal.ac.jp/kokonmojisan
- 四国八十八ヶ所霊場会
  http://www.88shikokuhenro.jp
- 世界遺産高野山 金剛三昧院
  http://www.kongosanmaiin.or.jp
- 大本山 成田山
  http://www.naritasan.or.jp
- 天台宗
  http://www.tendai.or.jp
- NARA弘法大師の道PROJECT
  http://www.okuyamato.pref.nara.jp/kobodaishi
- 南海高野ほっと・ねっと
  http://www.nankaikoya.jp
- 南海電鉄
  http://www.nankai.co.jp
- 南都七大寺 大安寺
  http://www.daianji.or.jp
- 丹生官省符神社
  http://www16.ocn.ne.jp/~niujinja
- 丹生都比売神社
  http://www.niutsuhime.or.jp
- 文化遺産オンライン
  http://bunka.nii.ac.jp
- 文化デジタルライブラリー
  http://www2.ntj.jac.go.jp/dglib
- 和歌山県
  http://www.pref.wakayama.lg.jp
- 和歌山県教育センター学びの丘
  http://www.wakayama-edc.big-u.jp
- 和歌山県九度山町役場
  http://www.town.kudoyama.wakayama.jp
- 和歌山県建築士会
  http://www.wakayama-aba.jp
- 和歌山県世界遺産センター
  http://www.sekaiisan-wakayama.jp

協力者・協力機関

五十音順、敬称略

•安養院 •飯野尚子 •一乗院 •一乗寺 •惠光院 •愛媛県立歴史文化博物館 •遠州茶道宗家 •円通寺 •大江建築アトリエ •尾先弁天社 •門出弁天社 •北室院 •京都大学大学文書館 •宮内庁 •熊谷寺 •剣先弁天社 •光臺院 •光明院 •高野山苅萱堂 •高野山宿坊協会・高野山参詣講 •高野山大学図書館 •高野山大師教会 •高野山大師堂 •高野山仏具名産品商業組合 •高野山料理 花菱 •高野山霊宝館 •国立劇場 •国立国会図書館 •国立歴史民俗博物館 •小堀遠州顕彰会 •金剛三昧院 •西禅院 •西南院 •西門院 •三宝院 •重森三玲庭園美術館 •地蔵院 •慈尊院 •持明院 •釈迦文院 •珠数屋四郎兵衛 •常喜院 •成就院 •清浄心院 •正智院 •上池院 •松竹 •成福院 •神護寺 •親王院 •鈴波 東京ミッドタウン店 •赤松院 •総持院 •増福院 •総本山金剛峯寺 •大圓院 •大覚寺 •大師陀羅尼製薬 •大明王院 •高室院 •嶽弁天社 •田澤蓮悠 •中央食堂さんぼう •綱引弁天社 •DNPアートコミュニケーションズ •天徳院 •東京学芸大学附属図書館 •東京国立博物館 •東京大学史料編纂所 •東寺(教王護国寺) •東北大学附属図書館 •奈良大学博物館 •南院 •南海電気鉄道 •丹生官省符神社 •丹生都比売神社 •西室院 •日本芸術文化振興会 •人間文化研究機構 国立国語研究所 •橋本警察署高野幹部交番 •濱田屋 •祓川弁天社 •巴陵院 •比叡山延暦寺 •PIXTA(hagechin / PIXTA、MURASAKI / PIXTA、Skylight / PIXTA) •photolibrary •福智院 •普賢院 •葛井寺 •藤井文政堂 •麩善 •不動院 •普門院 •遍照光院 •遍照尊院 •便利堂 •報恩院 •本覺院 •宝亀院 •宝寿院 •宝城院 •宝善院 •本王院 •丸山弁天社 •密厳院 •明王院 •みろく石本舗 かさ國 •無量光院 •安田弘明 •有志八幡講 •湯屋谷弁天社 •桜池院 •読売新聞社 •龍光院 •龍泉院 •蓮花院 •蓮華定院 •和歌山県立博物館 •和歌山大学紀州経済史文化史研究所

高野山
インサイトガイド

高野山を
知る
108の
キーワード

総合プロデュース、アートディレクション
岡本一宣
企画
上西俊彦（講談社ビーシー）
制作協力
総本山金剛峯寺
編集・取材・執筆
成田美友
渡邉昌美
執筆
飯野尚子、五十嵐大祐、棚澤明子、
中島理恵、平瀬菜穂子
撮影
総本山金剛峯寺
栗林成城
小西康夫
半沢克夫
山頭範之
結城剛太
渡邉茂樹
デザイン
小埜田尚子、中川寛博、山崎友歌、
花房慎一、俵拓也、高橋快、井上友里、鍋田哲平、
田嶋諒、小竹美雪、鈴木久美子
（o.i.g.d.c.）
デザインアシスト
青山美香
地図制作
アトリエ・プラン
校閲
総本山金剛峯寺
嶋﨑吉信
制作進行
佐々木恵美（講談社ビーシー）
中澤千佳子、青山雅子（o.i.v.c.o.）
アカウントマネージメント
岡本久美子、後藤エミ子（o.i.v.c.o.）
プリンティングディレクション
栗原哲朗（図書印刷）
印刷営業
澁谷武志（図書印刷）

KOYASAN（こうやさん） Insight Guide（インサイトガイド）
高野山（こうやさん）を知（し）る一〇八のキーワード

2015年1月23日　第1刷発行
2024年4月24日　第6刷発行
著作
高野山（こうやさん）インサイトガイド制作委員会（せいさくいいんかい）
発行者
出樋一親
森田浩章
編集発行
株式会社講談社ビーシー
〒112-0013　東京都文京区音羽1-18-10
電話03-3941-5771
発行発売
株式会社講談社
〒112-8001　東京都文京区音羽2-12-21
（販売）03-5395-5817
（業務）03-5395-3615
印刷・製本
図書印刷株式会社

KODANSHA

ISBN978-4-06-219097-8 Printed in Japan

KOYASAN Insight Guide

108 Keywords about Koyasan

Project Manager & Art Director
Okamoto Issen
Planner
Kaminishi Toshihiko (Kodansha BC Ltd.)
Editorial Cooperation
Sohonzan Kongobuji
Editors
Narita Miyu
Watanabe Masami
Contributing Writers
Iino Naoko
Igarashi Daisuke
Tanazawa Akiko
Nakajima Rie
Hirase Naoko
Photographers
Sohonzan Kongobuji
Kuribayashi Shigeki
Konishi Yasuo
Hanzawa Katsuo
Yamagashira Noriyuki
Yuuki Gorta
Watanabe Shigeki
Designers
Onoda Naoko, Nakagawa Nobuhiro, Yamazaki Yuka
Hanafusa Shinichi, Tawara Takuya
Takahashi Kai, Inoue Yuri, Nabeta Teppei
Tajima Ryo, Kotake Miyuki, Suzuki Kumiko
(o.i.g.d.c.)
Design Assistant
Aoyama Mika
Map Designer
atelier PLAN LLC.
Proofreaders
Sohonzan Kongobuji
Shimasaki Yoshinobu
Coordinators
Sasaki Emi (Kodansha BC Ltd.)
Nakazawa Chikako, Aoyama Masako
(o.i.v.c.o.)
Accounting Staff
Okamoto Kumiko, Goto Emiko
(o.i.v.c.o.)
Print Director
Kurihara Tetsuro (TOSHO Printing Co., Ltd.)
Print Scheduling
Shibutani Takeshi (TOSHO Printing Co., Ltd.)
Printing
TOSHO Printing Co.,Ltd.
Publishers
Kodansha BC Ltd.
Kodansha Ltd.

ISBN 978-4-06-219097-8

Printed in Japan